八桂古镇

郑舟 主编

八桂古镇

广西民族出版社

图书在版编目(CIP)数据

八桂古镇/郑舟主编. —南宁：广西民族出版社，2017.8

ISBN 978-7-5363-7143-9

I. ①八… II. ①郑… III. ① 乡镇–介绍–广西 IV. ①K926.75

中国版本图书馆CIP数据核字（2017）第143274号

BAGUI GUZHEN

八桂古镇

主　　编：郑　舟
策　　划：黄启周
责任编辑：张惠琼
装帧设计：陈　卓
责任校对：宾伟贤　翟芳婷
责任印制：蓝　锋
出版发行：广西民族出版社
地址：广西南宁市青秀区桂春路3号　邮编：530028
电话：0771-5523216　传真：0771-5523225
制版印刷：广西昭泰子隆彩印有限责任公司
规　　格：890毫米×1240毫米　1/32
印　　张：4.5
字　　数：100千字
版　　次：2017年8月第1版
印　　次：2017年8月第1次印刷
书　　号：ISBN 978-7-5363-7143-9
定　　价：19.80元

前 言

“八桂”是广西的别称；镇在古时候一般是指较大的市集，如今，也常作为县下面的一级行政区划单位，与乡同级，称为“镇”与“乡”。“八桂古镇”于本书中指的是在广西境内有较长历史，并有一些古建筑物的较大市集。

自20世纪70年代末始，人们又重新对中华民族的历史文化进行了审视和思考，认识到对中华民族优秀传统文化进行保护和传承的重要性及必要性。我国的古建筑文化是中华文化的精髓之一，因此正日益受到来自政府和民间的重视。改革开放以来，群众的物质生活得到了极大改善，旅游成为许多人的生活需要，古城、古镇、古建筑也渐渐成为旅游的热点，广西的古镇开始进入人们的视野，引起了人们的极大兴趣。

本书收入的广西古镇有17个，其中被选为“中国历史文化名镇”的就有灵川县大圩镇、昭平县黄瑶镇、阳朔县兴坪镇、兴安县界首镇、鹿寨县中渡镇等好几个。又有南宁市江南区扬美村、三江侗族自治县丹洲村、平乐县沙子村、平乐县榕津村等被评为“中国传统村落”。这些都是国家级的历史文化名镇名村。还有一些是网友在网上评选出的具有古镇特点的旅游热门地。值得一提的是，来宾市象州县的运江镇，它是一个千年古埠。因它位于一个岛上，陆路车辆不能直接到达，如今尚未大规模开发，仍保留着原汁原味的古镇特色。广西可能还有不少这样的地方期待世人去发现和保护。

我们希望读者通过对本书轻松地阅读，能进一步了解广西古镇的地理特点、风景名胜和人文历史，感受到中华民族文化的文明与灿烂。

目录

西湾镇
贺州市
回龙镇
同古镇
珊瑚镇
贺街镇
沙田镇
步头镇
黄姚古镇
走马乡
公会镇
樟木林乡
昭平县

古镇鸟瞰图

昭平黄姚古镇

ZHAOPING HUANGYAO GUZHEN

黄姚古镇位于贺州市昭平县东北部，西距昭平县城58公里。古镇发祥于宋朝开宝年间，兴建于明朝万历年间，鼎盛于清朝乾隆年间。黄姚的得名有几种传说，有说是因为姚江雨天涨水时色黄，也有说是因为当年有黄、姚两大姓，还有说是由“黄瑶”演变而来，至今未有定论。

古镇居民多是明末清初因避难或是经商等原因迁至黄姚的外来汉族移民，民居的汉族建筑风格浓郁。而且外来移民多以经商为生，民居的防御功能较强。另外，古镇内同姓民居建筑多以祠堂为中心修建并向外辐射，现古镇有八大姓氏、九个宗祠、两个家祠。

古镇总体布局是以姚江为

古镇中清澈的小河

界，姚江东岸是主要的生活和公共娱乐区。姚江西岸以及兴宁河以北、小珠江以南区域是商业区。镇内街道以龙畔街、中兴街、商业街区三块自成体系的建筑群组成，不同的建筑群以桥梁、寨墙、门楼巧妙地连接起来，形成一个整体。从高处俯瞰，古镇就似一条苍龙，龙畔街和中兴街是龙须，安乐—金德—迎秀—连理—天然这几条东西走向的商业街道就是龙身，南北走向的分巷就是龙爪。在古镇的持续建造过程中，从原先的枕山环水的风水理念出发建成的街道不断发展，最终建成被民间文人称之为“九宫八卦阵式”的格局。

古镇方圆 3.6 平方公里，8 条石板街环绕，300 多座总面积达 1.6 万平方米的明清古民居保存完整，另有亭台楼阁 10 多处，寺观庙祠 20 多座，特色桥梁 11 座。民居建筑风格与广东汉族建筑类似，多是前后两进的两层庭院式小楼，硬山顶，小青瓦，采用山墙直接支撑屋顶横梁的砖木石混合屋架结构。前后进的厅堂两侧以走廊连通，中间是天井。每进均为三开间，中间是厅，两旁是厢房。左右走廊开有侧门。进门后为正堂，是待客聚会之地。正堂左右两边为东西厢房，一般供外来人居住。正堂后置天井，便于通风与采光，两侧为房间，走廊栏杆以木雕装饰。后进的正中是神龛，供奉祖宗

民居

马头墙

牌位。后院有楼梯通往二楼，并与前院二楼相连，楼上是主人的卧房、书房及小姐的闺房，楼下为放置杂物之用。后院后面一般还有一个小型的晒坪，再辟有一间小房间，用以圈养牲畜或放置粮草。为避匪患，各家修建时都考虑到对外防御功能，楼高墙厚，更设多道闸门，重重戒备。很多民居也会在高处搭建小屋作为堡垒，以抵抗匪敌入侵。民居大门外檐有彩画，色彩鲜艳，内容丰富。

在最古老的商业街——龙畔街上的民居则与广东人的商业民居完全相同。各店铺均有外伸的屋檐，以便遮阳挡雨。店铺之间有山墙分隔，既可防火，又可防止营业时互相干扰。临街商铺多是由临街住宅民居的正堂改造而成，前院是正堂，为店铺，后院则为仓库。二楼住人。二楼多在沿街窗口悬挂店铺招牌。临街店铺大门多设

商业街

大门

闸门。店铺还设有专用于夜间售货的窗口，上有坚固的栏杆和发货的小圆洞，既便于顾客从栏杆上浏览货物和店家收钱交货，又保证了店家的安全，足见建造者考虑之周全。街道路面用大青石板铺成，下设排水沟，青石板光滑可鉴。

古镇上户与户之间或是共墙相连，或是隔巷而建，形成相对封闭的小区，通过门楼与其他小区分隔。黄姚古镇共有 8 条街道，街道之间以闸门分隔。古镇原有门楼和闸门二三十个，目前保存完好的有中兴街的东门楼、新兴门、徐庆一门，商业街区的三星楼、西顾延禧门、接龙门、太平门、亦孔之固门、永安门，龙畔街的新安门、守望楼等 10 多个门楼，而闸门则所剩不多。门楼为两层砖木结构，二层为岗楼，一层为门，有匪敌来侵时，立即落门以阻敌。三面有墙，内侧一面不筑墙。三面墙上有方形或圆形的瞭望口，旁边还设有一些隐蔽的梯形小孔，内宽外窄，便于射击。

太平门（闸门）及其相连的民居

门楼上多有门匾和门联。外围门楼与门楼间有石墙连接，形成民居群落。

古镇中的民居数量众多，最为有名的当属司马第、郎官第和郭家大院。

司马第

司马第位于龙畔街，顺山势而建，建筑高出地面 1 米左右，为三进式院落，面阔三间，进深三间。第一进和第二进地势相同，第三进是正堂，高出第一、第二进 70 多厘米。正门上有“司马第”牌匾，两边有石鼓形门墩。门厅两旁有耳室，由长工居住兼营守门屋。大门有防匪盗的粗大保险杆。

郎官第

郎官第是梁姓宅院，位于中兴街。背靠真武山而建，是典型的“一井一龛，两进一厅堂”的建筑风格。第一进大门上有牌匾“郎官第”，门联为“郎官垂远裔，第宇庆长春”。

郭家大院

郭家大院位于天然街，因郭氏先祖来自山西汾阳，故也称为“汾阳第”。整个大院是二进式小院，仿江南苏式建筑，两侧有圆拱门，这是整个古镇民居当中最有特色的门。圆拱门上有灵巧的防盗机关，门头上有隐蔽的木制防盗插，两边还有防挖墙脚的木柱，防御性极强。院内屋檐下为各式木雕装饰。抬梁式石柱撑檐，柱顶石雕有花纹。青砖砌墙，石板铺地。

古镇的著名公共建筑还有文明阁、宝珠观、黄姚戏台等。

文明阁

文明阁，位于古镇东南的天马山，始建于明万历年间，清代至民国时曾有过四次修葺。原本由步云亭、文明首第、土地祠、豁然亭、福缘台、惜字炉、“天然图画”、财神殿、大堂正殿、不夏亭、桂花亭、魁星楼等12座建筑组成，现只存8座。

广西壮族自治区文物保护单位——黄姚古镇宝珠观

黄姚古戏台

宝珠观

位于姚江和小珠江交汇处的宝珠观，始建于明嘉靖三年（1524年），是镇内有文字记载的最古老的建筑，是一座佛教和道教寺庙。清乾隆九年（1744年）扩建，清朝至民国时多次重修。占地面积约1300平方米，由大殿、前厅、门厅、天井、厢房、回廊、照壁等建筑组成。

黄姚戏台

黄姚戏台始建于明嘉靖三年（1524年），清乾隆、道光年间多次重修。砖木石结构，平面呈“凸”字形，单檐歇山顶，分前台、后台两部分，前台、后台之间用木板屏风隔开，前台长8.6米、宽4.2米，后台长12.8米、宽4.6米，通高8米，台基用大青石板砌筑，雕花额枋，彩绘花卉。

宗祠

古镇现有莫氏、叶氏、郭氏、黄氏、吴氏、梁氏、劳氏、

安乐寺

林氏、古氏等九个宗祠，还有两个家祠。各宗祠的建筑风格与民居基本相同，多采用前后二进的砖木结构式院落。山墙多为镬耳墙，硬山顶。大门前有石阶，第一进多为门廊，两旁是厢房，正中是天井。门厅多为三开间，正中多设有木制的照壁，祭礼时可以将照壁打开通行，平时就从照壁两边进出，右进左出。面对天井的是第二进，为高大的正厅，上方多悬挂堂号牌匾，左右墙上多张贴家训族规和历代光宗耀祖的匾额，正中安放历代祖先的牌位和祭祖用品。

各姓宗祠中最有名的当属初建于清乾隆四年（1739 年）的郭氏宗祠。它北依郭家大院，南临兴宁河，祠前有水塘，正对着真武山，民国十七年（1928 年）重修，保存最完好，每年有春、冬两祭。两进院落，分为前庭和后庭。镬耳山墙，门上有门匾“郭氏宗祠”，门联为“汾阳世胄，点颔家声”。大门前有两根石柱抬梁，门柱上有柱联。进入正门就是一个照壁式小门，横批为“缅怀祖德”，门联为“无物报宗功只具鸡豚供俎豆，有义酬祖德倾陈黍稷荐馨香”。小门平时不开，祭日时才打开。平时出入从两侧通行。小门两侧还有两间厢房，住人或放杂物。后堂有四根石柱撑屋架，柱上有楹联。中间有木制的朱漆供桌，后面用砖砌了一个供台，上面安放着大理石质地的祖先牌位。

古镇的选址深受东南地区汉族风水文化的影响。古镇被群山环抱，酒壶山、真武山、鸡公山、叠螺山、隔江山、天马山、天堂山、牛岩山、关刀山等九座山峰环峙周围。三条清澈小河——姚江、小珠江、兴宁河交汇于古镇，特别是姚江自东向南流，在古镇中心画出一个倒“S”形；小珠江从西北流至宝珠观汇入姚江；兴宁河自西向东流，自兴宁祠汇入姚江。枕山环水，古镇民居正前方还有座案山。当地村民还将古镇姚江出村处设为水口，明万历年间此处建有水口祠，祠联为“水口萦纡流圣泽，恩膏普被仰神庥”。而且在小珠江和兴宁河汇入姚江的入水口处，村民也注意营造水口风景园林。水口两岸翠竹丛生，古榕参天，风景秀丽。

黄姚古镇以其近千年厚重的文化积淀和宛如江南小镇般典雅清幽的秀美风光，先后获得了“国家AAAA级旅游景区”、“中国历史文化名镇”、“中国最具旅游价值古城镇”、“中国最值得外国人去的50个地方”金奖景区、“全国农业旅游示范点”和“中国最美的十大古镇”之一等殊荣，2013年又被评为第一批广西特色文化名镇，是广西第一古镇。

石桥

供稿：秦玉庭　黄启洲

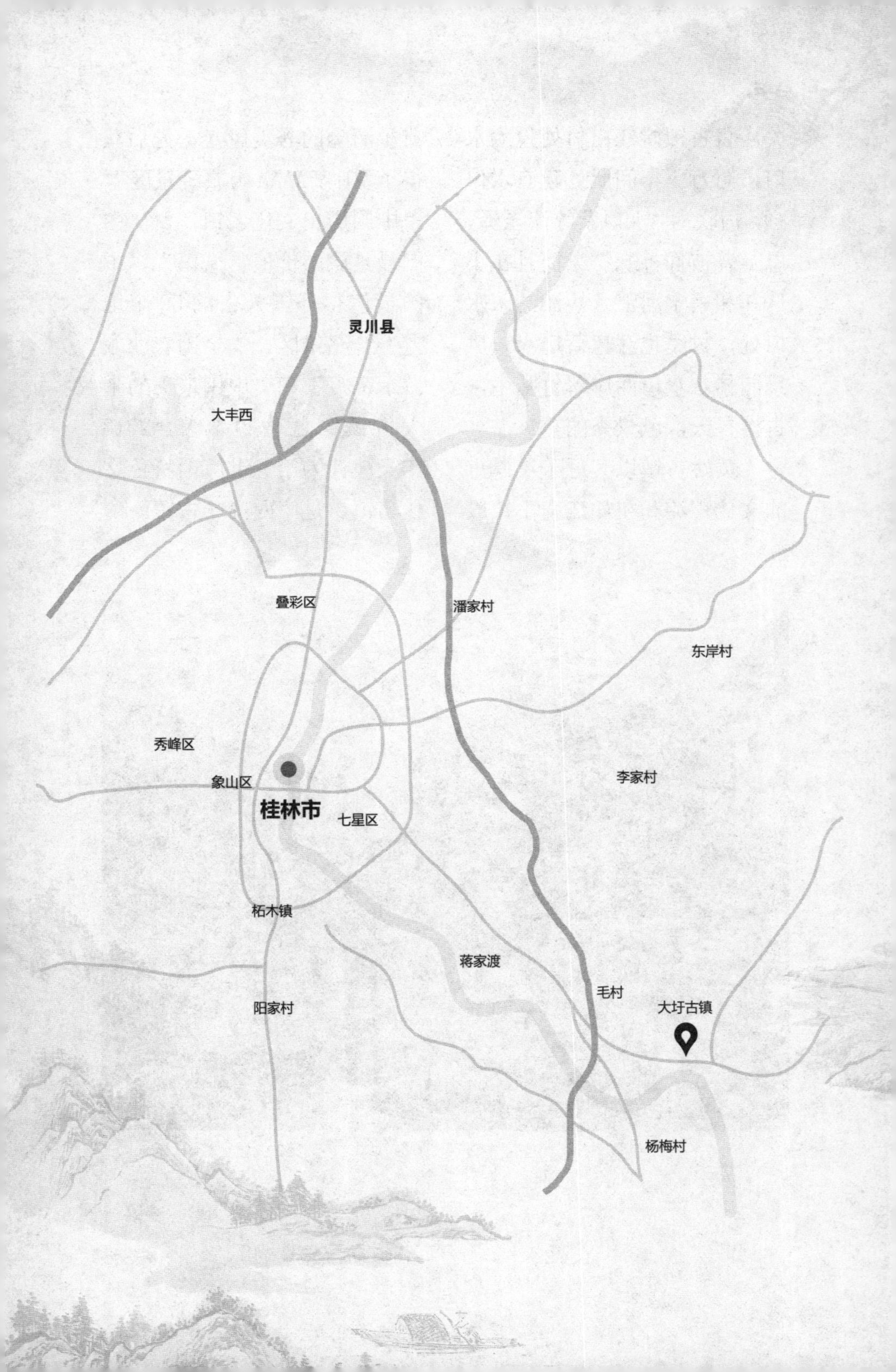

灵川县
大丰西
叠彩区
潘家村
东岸村
秀峰区
象山区
桂林市
七星区
李家村
柘木镇
蒋家渡
毛村
大圩古镇
阳家村
杨梅村

古镇远景

灵川大圩古镇

LINGCHUAN DAXU GUZHEN

大圩古镇位于桂林市灵川县大圩镇漓江北岸，距桂林市区水程23公里，距灵川县城30公里。大圩古镇始建于北宋初年，时称“长安市”；南宋末年得名“大圩”，已经是商贸繁荣之圩市，并设有税务机构。古镇东有潮田新河，西连相思河，北有漓江，水运便捷。往北可溯漓江而至桂林，也可顺水南走达梧州直至广东，为桂林东郊商品物资集散地，与宾阳的芦圩、苍梧的戎圩、贵县（今贵港）的桥圩并称为“广西明代四大古镇”，2005年被建设部和国家文物局公布为第二批中国历史文化名镇。

大圩古镇在明代时已是南北商贾云集之地，各种商行应有尽有，时称“芦田市”，亦称“五里古镇”。明初解缙有诗为证：“大圩江上芦田寺，百尺深潭万竹围。柳店积薪晨爨后，壮人荷叶裹盐归。”民国初期，大圩已形成了老圩街、地灵街、隆安街、兴隆街、塘坊街、鼓楼街、泗瀛街、福兴街等八条大街，铺面商号有“四大家”“八中家”“二十四小家”之称，沿江亦形成十多个码头。不仅各色民居建筑、铺面商号、石板街、石桥、古运码头保存至今，而且还有外地商人的同乡会馆，如广东、湖南、江西会馆，以及清真寺等，古建筑面积达8000多平方米，其中，以明、清、民国时期的建筑为多，占65%以上。走在大圩古镇光滑可鉴的青石板街上，街道两旁青砖青瓦的老民居会让人仿佛回归到明、清、民国时期。

古镇位于漓江北岸，受水陆交通影响，大圩古民居大多依江岸上的山坡自北向南面江而建，南低北高，从而形成了街道与江并行的格局。东西走向的石板街延绵2.5公里，宽约2米，路面由鹅卵石拼花、青石板铺砌而成，历经数百年仍光可鉴人。

沿街的老民居建筑各家地

老街泗水钟祥券门

老街永安门券门

历经数百年的石板路

基都比石板街高一些，门前伸出一两级青石台阶连接街道，在第二层或屋顶皆建有宽大的瓦檐，以便行人避雨遮阳，远远望去，错落有致。老民居多以筒子屋居多，屋前面街，屋后临河，前店后室，窄深如筒。筒子屋分前、中、后三进，由门堂、天井、正房、厢房、后院组成。前部临街建筑多为两层，第一层做商铺，第二层住人，集商住于一体，设计十分合理。第一层中部有天井，多以花草盆景点缀。第二层中部设有回廊，顶部有亮瓦，通风采光，当地称这样的建筑布局为“跑马楼”。天井后是高大宽敞的正房，内多供奉祖宗牌位，同时也是主人活动、会客的场所。正房后有门可到后院，多建有厨房、厕所。临江的筒子屋在后院多辟有后门，建有石阶通往江边，既可取水、洗衣，又方便货物运输。

除了普通民居，一些大商人的宅院显得更豪华。据记载，清末民初时，大圩古镇以黄、李、廖、高四大姓的生意最大，此四姓人家的宅院也最具代表性。位于古镇建设街 31 号的

街上的商铺

当铺一角

廖宅是大圩四大商家的廖忠源宅院，建于清咸丰年间，为二进二层砖木结构建筑。室内木构部件雕刻着诗词书画，工艺精美，并有栩栩如生的飞禽走兽等吉祥图饰。位于民主街28号的黄宅建于清代，原主为黄广源，为三进木楼建筑，屋前铺面临街，屋后临江，内部构件构图精美，雕工精致；各种装饰组合成的纹样，栩栩如生。建于民国十五年（1926年）的李恒美宅位于民主街37号，紧邻塘坊码头，为二进三层砖木建筑，第二层窗棂金漆“欲学晏子，仰慕陶公”

民居以大块青石铺过道，辅以透雕六开隔扇门，显得古朴凝重

八个字，门窗雕花，花草藤蔓，水纹云纹，无一不生动自然。

老街现存200多栋古民居，鳞次栉比，不论是普通民居还是高宅大院，多以叠梁式木结构为主，辅以砖石外墙，柱上架梁，梁上叠梁，再架檩，以榫卯固定，几乎不用铁钉。各民居的外部装饰讲求实用，小青瓦，坡面屋，白粉墙，原色的木构部件，显得古朴淡雅。内部装饰细节也颇有韵味，如在门楣、格扇、窗棂、栏杆上饰以花鸟虫鱼木雕，提升了建筑的品位。

万寿桥

除了民居建筑，古镇上的桥梁、庙宇、会馆等公共建筑也是可圈可点。始建于明万历年间的万寿桥位于镇区东段。桥东接泗瀛洲，西连石板街，

重建于清末的万寿桥

万寿桥的石板阶梯

横跨马河。明代时建成的是木结构三拱板桥，后毁于水灾。清光绪十三年（1887年）重修为虹式单孔石拱桥，拱高8米，跨度16米；桥头两端各有20余级台阶；桥面由青石板嵌成，宽3.5米，长9.5米，两侧有护栏，四角分别有石狮。桥上青石板已经被一代代的行人磨得光滑发亮。桥体稳健古朴，坚固美观，为典型明式石拱桥，是灵川县文物保护单位，也是多部影视作品的取景地。

古码头

古镇共有寿隆寺码头、更鼓楼码头、清真寺码头、社公码头、石鸡码头、大码头、渡船码头、狮子码头、塘坊码头、五福码头、秦聚利码头、鼓楼码头、卖米码头等13个码头，由西至东顺江排列，建于清代和民国初年，功能各有不同。码头一般长10米，宽3～4米，石砌，前端伸入江中，做成长方形平台，后部楔入街巷。现有5座码头保存较好，其余多已毁损。

清真寺

位于生产街的清真寺始建于清乾隆四十年（1775年），光绪二十年（1894年）重建。原寺为三进二层结构，占地面积约1800平方米，后因修桂海铁路拆除部分建筑，现仅存大殿。大殿为木楼式建筑，一层为大厅，厅后两侧为厨房、浴室，厅侧建有教长休息室。二层是礼拜殿。整个木楼占地面积127平方米，建筑面积190平方米，全寺建筑总面积600余平方米。曾因各种原因停办。20世纪70年代末恢复礼拜活动，并对寺内建筑分期进行维修，面貌有所改观。

供稿：秦玉庭

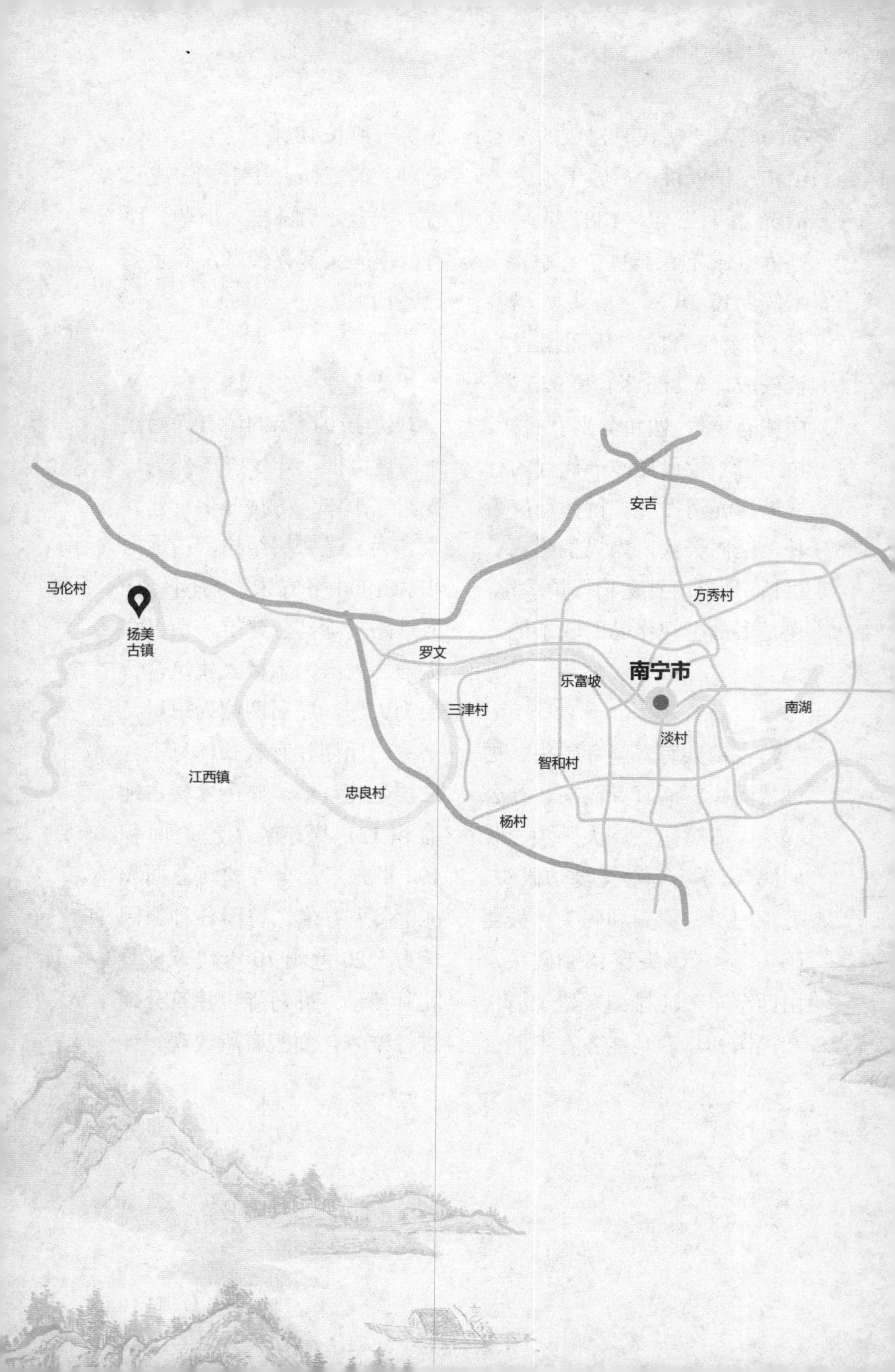
安吉
万秀村
马伦村
扬美
古镇
罗文
南宁市
乐富坡
三津村
南湖
淡村
智和村
江西镇
忠良村
杨村

古镇牌楼

南宁扬美古镇
NANNING YANGMEI GUZHEN

扬美古镇位于南宁市江南区江西镇左江下游岸边，东距南宁市中心约 36 公里。扬美古镇形成于宋代，初时因荆棘丛生、白花遍地，故称“白花村”，后又改成“扬溪村”，明代时改为“扬美村”。据记载，扬美村的开创者是宋代中原将士，繁衍至今，扬美周边几个村庄主要都是少数民族居住，它却是唯一的汉族古村落。扬美是左江四大古埠之一，明清时期因水运之便而兴，民国时期也繁荣一时，店铺林立，码头众多，特别是清代时有大小码头 8 个、街道 8 条。1950 年以后，随着陆路交通的发展，扬美古镇失去了昔日的交通枢纽优势，商业衰落，但是也因此保存了相当多的古建筑风

临江街码头

貌。如今的古镇面江而建，占地面积 6.5 平方公里，三面环江，山清水秀，古民居、古街、古码头、古庙、古树……古意盎然。扬美古镇在 2012 年被列入首批中国传统村落名录。

来到扬美村头，有一座石质牌坊，上书“扬美古镇”四个隶书大字。穿过牌坊，走在石板路上，就踏上了扬美古镇的地界。扬美有八条街道，皆由石板铺砌而成。以共和街、永安街、金马街为“十”字形框架，在临江街和金马街有较完整的古民居建筑群。

临江街建于清道光十四年（1834 年），位于左江江边，南北走向，与古码头相连，铺街道的青石板全从太平府崇善县水运而来，全长300余米，宽约4米，并设有下水道。历经几百年行人的踩踏，石板光洁如洗。以前每条街都建有闸门，夜晚歇市后关闭闸门，起防盗之用。临江街设了五道闸门，现仅存一道，为青砖砌成的方柱拱券形门，门楣上书“临江古闸”四字。金马街有码头通向左江，设街门，门内有“金马码头”四字，江边门外有“金马街”三字，为拱券形门，近代西式建筑风格。临江街也有门通往左江，其门样式与金马街一样。

虽然扬美民居的楼层不高，但是建筑密度大，街巷曲径通幽，院落多以宗族为纽带纵向分布，而且多围绕着鱼塘呈放射性布局。这些构成了古镇的建筑肌理。建筑多是硬山搁檩汉式民居。临江街街上有明代和清代两种类型的古屋，但清代风格的建筑居多，是古镇古民居荟萃之地，故此街又号称“清代一条街”。其明代古屋多是砖木结构，因其从大

古宅院

门前直到里屋，两边平行竖着七根木柱，故人称“七柱屋”。七柱屋的各柱用方木开榫头连成屋架，用青砖围着木柱砌在四周做屋墙，建筑风格简洁大方，冬暖夏凉，古朴雅致。现存20多座七柱屋。清代古屋则以青砖为主，且砖的长、宽、厚均比明代的小，多为三进式，第一、第二进为一厅四房，第三进为厨房、餐厅，进与进之间有天井，屋脊和前墙屋顶都有雕刻，或是松柏、竹、菊、牡丹等花草树木，或是鸟兽，做工精良，古色古香。

黄氏庄园

比起明代的民居建筑，清代民居显得更精致而讲究，黄氏庄园就是其中的佼佼者。黄氏庄园位于临江街，建于清乾隆年间。由江西镇兴贤村黄厚龙所建，他以经商发家，建起这座占地面积900多平方米、建筑面积556平方米的庄园。庄园南北走向，为三进式，后进地势稍高，一进叠一进，三进都有独立庭院，内有大小房间十多间，均为穿斗式抬梁砖木结构，硬山顶。屋内以青砖铺地面，外窗为水泥花阶窗，

古镇街道

慕义门

黄氏庄园

图案精美。屋檐装饰花鸟图案，梁柱连接处有雕刻，工艺精巧，彰显出主人的殷实财力。而且在各进门础上都有鱼跃龙门的图案，体现了主人的文化追求。

五叠堂

在金马街还有一座建于清嘉庆年间的五叠堂，共五进，门廊内凹，檐墙粉白底，上有松鹤延年等水墨绘画，青砖清水墙，飞檐翘角，雕刻精美，是扬美面积较大的建筑，现为五叠堂酒店。

梁烈亚故居

离五叠堂不远处，就是革命党人梁烈亚的故居。梁烈亚是扬美人，参加了孙中山组织的镇南关起义，而且还参加了辛亥革命。其故居始建于清代中期，青砖灰瓦，木质结构，现仅存一厅三房和一个带厨房的庭院。故居不仅是梁烈亚与其父梁植堂的家宅，还是镇南关起义筹备会议的会址，历史价值很高，是南宁市保留的一处辛亥革命纪念旧址，被列为南宁市文物保护单位。

梁烈亚故居

扬美古镇保留下来的明清建筑目前有700余栋，除了古民居，其他较著名的建筑还有魁星楼、孔庙和三界庙。

魁星楼

魁星楼又称“文昌阁”，建于清乾隆元年（1736年），道光二十二年（1842年）重建。建筑面积约158平方米。楼高15.3米，面阔三间，进深四间，呈方形，上小下大，其形状似古代皇帝的玉玺，当地俗称“帝印”。整幢建筑为重檐歇山顶穿斗式砖木结构，青砖、灰瓦、红檐，置有走廊，分一楼、二楼及阁楼。一楼大门前有三级台阶，台阶上有两根石柱抬梁，门楣牌匾上写着“魁星楼”三字，一楼内四根立柱直通阁楼。一楼的左、右、后三面无窗；二楼开一个方形窗；阁楼正面开有一个小圆窗。楼内有文昌星像；阁楼为魁星点斗神像，魁星头上有横匾“文明”二字，是清代广西扬美籍举人梁德显为了激励乡人读书修文而写。魁星楼的山墙为典型的粤式镬耳墙，檐口及屋脊均饰以精美的雕塑图案。一楼屋侧脊塑卷草纹，正脊镶龙，背脊嵌火焰金球、鱼尾飞龙。墙壁上端绘有动植物和山水人物的水墨画。魁星楼的修建反映了扬美人重教尚文的传统。在明清两代，扬美共出了6个进士、4个举人和30多个贡生，文运兴盛。魁星楼还是辛亥革命前夕革命党人的联络站，1907年同盟会黄兴、王和顺与梁烈亚在此楼商议镇南关起义等革命事宜，历史意义重大，是广西壮族自治区文物保护单位。

孔庙

孔庙位于观音庙旁，“文革”时被拆毁，现按清代孔庙样式重建。砖木结构，三开间，青砖灰瓦。正殿石柱抬梁，柱础为鼓形。门柱上悬挂“孔庙”横匾，门联为“道德文章尊孔圣，诗书礼义仰先师”。殿正中供奉孔子塑像。

三界庙

三界庙建于明代，依山而建，建筑面积400多平方米。庙前广场全部用打磨光滑的青石板铺就，由江岸铺到庙门前。庙联为“三面皆山霞飞孟志，界空一色夕影龙潭”。单檐硬山顶砖木结构，单开间。该庙至民国初，除供祭三界圣神，还兼作私塾，环境幽谧。

魁星楼

孔庙

供稿：李　桐　黄启洲

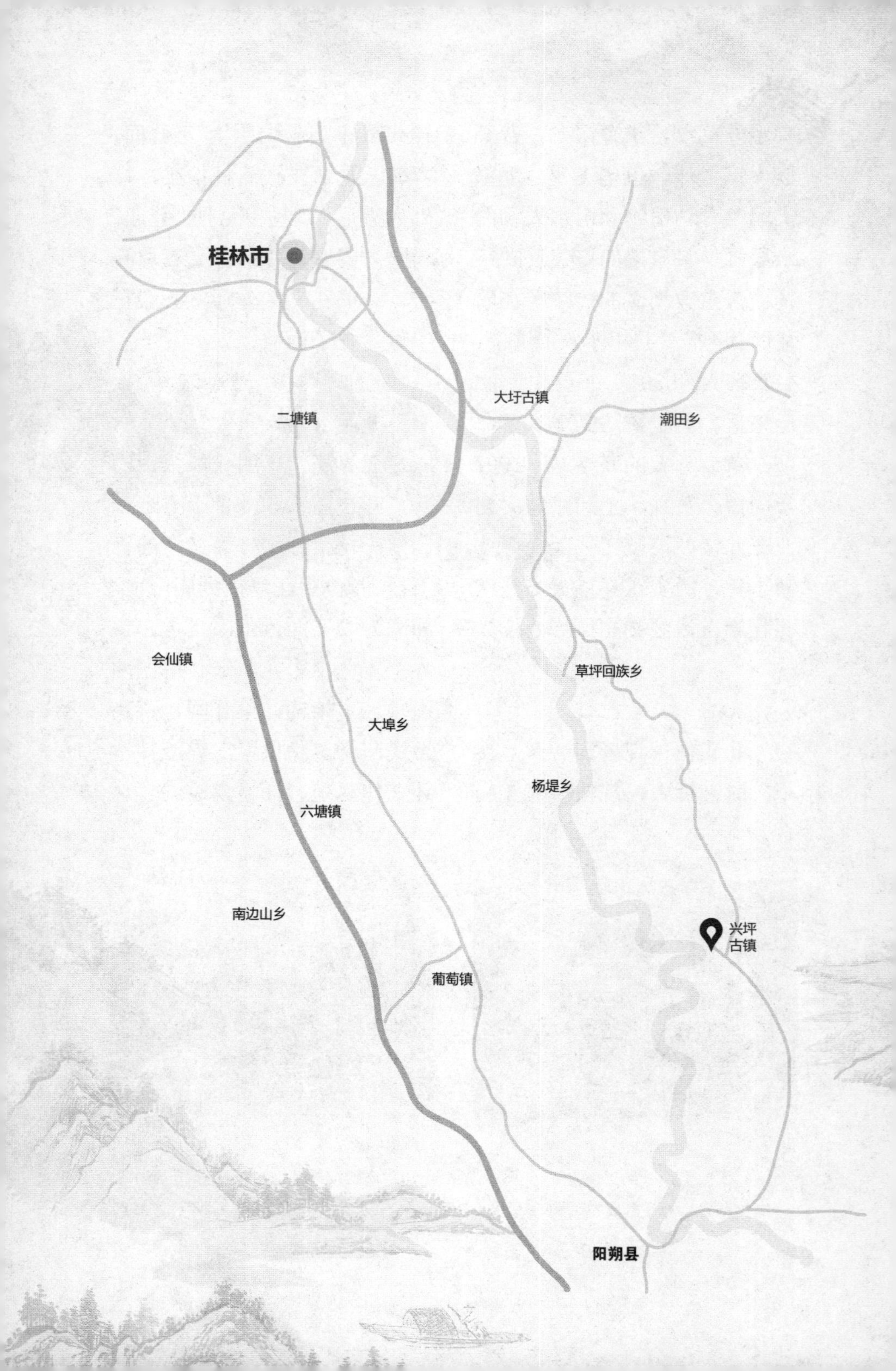
桂林市
大圩古镇
潮田乡
二塘镇
会仙镇
草坪回族乡
大埠乡
杨堤乡
六塘镇
南边山乡
兴坪
古镇
葡萄镇
阳朔县

古镇远眺

阳朔兴坪古镇

YANGSHUO XINGPING GUZHEN

从灵川大圩古镇顺漓江而下，会来到另一个古镇——兴坪古镇。它位于桂林市阳朔县东北部，距桂林市区 100 多公里，距阳朔县城 25 公里。古镇历史悠久，三国吴甘露元年（265 年）即建为熙平县的县治，隋开皇十年（590 年）迁熙平县治往阳朔镇，此地成为纯粹的集市圩镇，由于桂林方言的发音，古镇的名称逐渐由“熙平”演变成“兴坪”。兴坪古镇现存古建筑多为明清及民国时期的建筑，规模达 3 万多平方米，主要集中在老街、新街、湖南街和离古镇 2 公里的兴坪渔村。

漓江在兴坪绕了一个大弯，大源河自东向西汇入漓江，形成一个倒“丫”字形。兴坪刚好就处于两江交汇处。境内江段长达20多公里，两岸群峰连绵，青山多姿，九马画山、黄布倒影、僧尼斗嘴、榕潭揽胜、雾绕青螺……是桂林山水之精华所在，造就了兴坪古镇的秀美风光。依山傍水的兴坪是中国旅游名县——阳朔县的旅游重镇。兴坪之美，并非仅仅局限于山水，其民居建筑与山水相得益彰。

兴坪古镇老街和新街依漓江和大源河沿岸而建，街道上的商铺、会馆、古民居众多，再加上古庙、古桥、古亭、古码头等公共建筑景观，粉墙黛瓦，石板小巷，风景荟萃。老街长约一公里，青石板铺成，从东南角穿过古镇至漓江榕树潭、古渡码头，古时为居民及客商往来的主要干道，各式民居以及外省会馆建筑大部分保存完好。老街和新街的民居均是明清时期桂北民居的建筑风格，青砖青瓦，一般为两层的砖木结构，进深三至四间，外

鳞次栉比的古民居屋面

古戏台（清代）

檐出挑约一米，以便行人避雨。临街二楼有木栏杆阳台，有的延伸至外檐滴水，有的与大门在同一平面上。因集贸繁荣，临街的一层多开设商铺。

古戏台的藻井天花

武圣宫

古街边的武圣宫始建于清乾隆四年（1739 年），现存偏殿及戏台，建筑面积约 200 平方米。武圣宫内有万年戏台，是桂北地区建筑工艺水平较高、保存较好的清代戏台，2005 年被列为阳朔县文物保护单位。戏台系砖木结构，正立面呈“凸”字形，面阔三间，分前、后两部分。青砖青瓦，重檐翘角，歇山顶，八柱梁构架，台面空架梁板。台边缘部

武圣宫大门

分有四幅传统戏曲木雕图，分别取材于戏曲故事《五代荣封》中的“仙姬送子、满门荣封”、《古城会》中的“关羽斩蔡阳”、《聚子会》中的“姚通金殿举狮”、《活捉子都》中的“颍考叔金殿举鼎夺帅”场景，人物线条流畅，栩栩如生。戏台内左侧还有一面四幅可折叠的木质屏风，楠竹浮雕，落款是“乾隆乙丑年板桥赠”，是不是郑板桥的作品尚待考究。整个屏风风格独特，做工精细，

武圣宫的马头墙

古街区商铺

历经数百年的透雕格扇门窗

街道古建筑

腾蛟庵

在游船上远眺兴坪码头

图案精致，木工刀法流畅，典雅肃穆，具有较高的文物价值。逢年过节舞狮、舞龙、唱大戏是兴坪古镇的传统文化活动，人们会在古戏台表演桂剧、京剧、彩调、对山歌等文艺节目。

腾蛟庵

腾蛟庵位于兴坪镇福禄山东面的螺蛳岩内。始建于明万历二十七年（1599 年），重建于清嘉庆十八年（1813 年），建筑面积 216 平方米，是阳朔县文物保护单位。

2007 年，兴坪镇成为第三批中国历史文化名镇。2013 年，阳朔县兴坪镇又成为首批广西特色旅游名镇。

供稿：秦玉庭

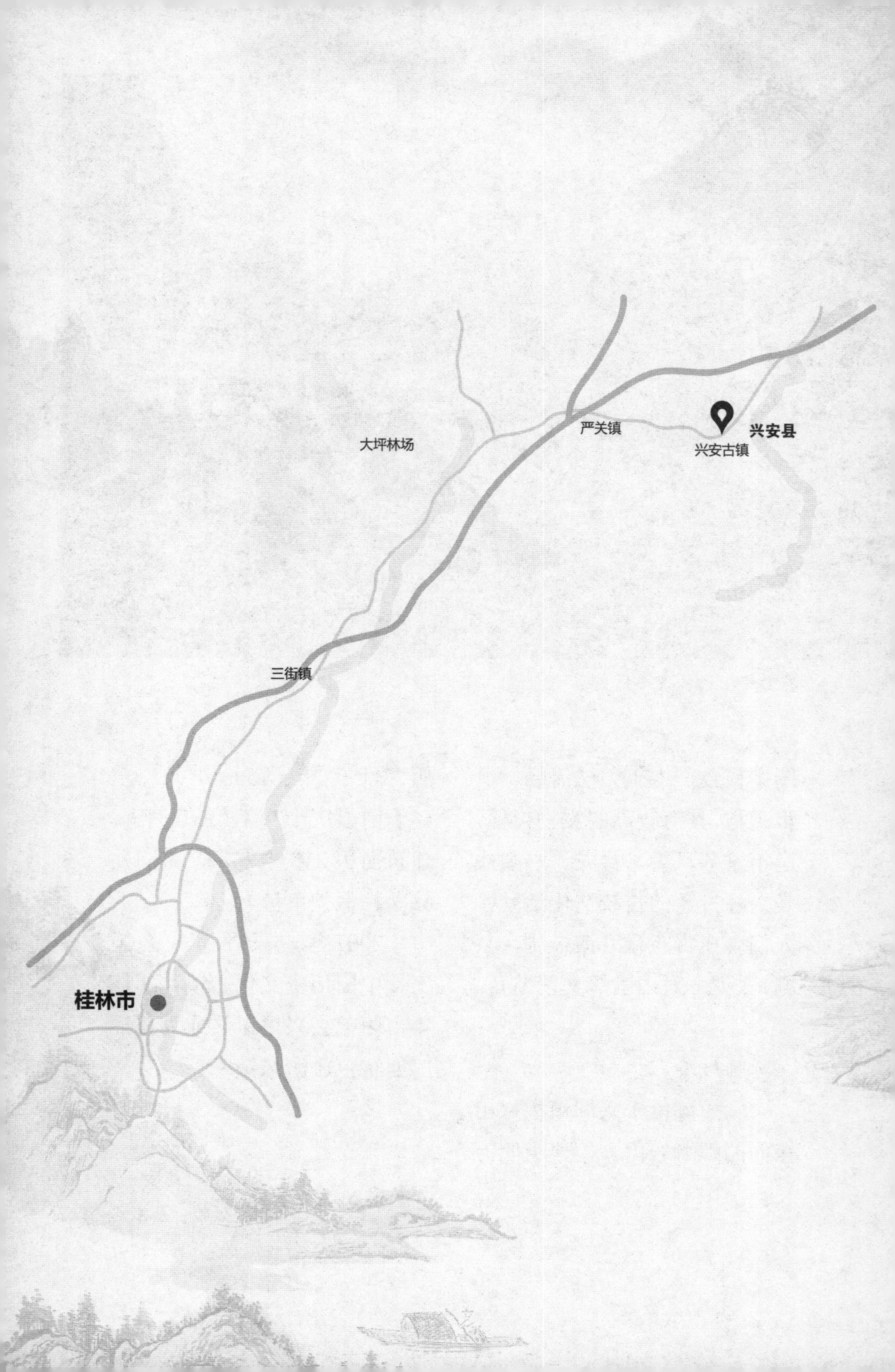
大坪林场
严关镇
兴安县
兴安古镇
三街镇
桂林市

俯瞰灵渠犁铧嘴

桂林兴安古镇

GUILIN XING'AN GUZHEN

兴安镇是桂林市兴安县的县城，距桂林市57公里。兴安县建县已有1000多年的历史。唐武德四年（621年）设置了临源县，隶属桂州，治所就在今天的兴安镇。大历三年（768年）临源县改名为全义县。五代后晋开运三年（946年），在全义县内设立了溥州，全义县改名为德昌县。宋乾德元年（963年），宋太祖撤销溥州，恢复了全义县。太平兴国二年（977年），宋太宗把全义县改名为兴安县，有“兴旺安定”的寓意，兴安之名一直沿用至今。

灵渠

古镇因灵渠而闻名中外。灵渠是秦始皇为了统一中国而

灵渠陡门

开凿的一条运河。灵渠建成后，沟通了长江和珠江水系，连接了湘江与漓江，于是秦军势如破竹，从北到南畅通无阻，秦始皇因此顺利完成了统一大业。

灵渠的坡度舒缓，设计非常巧妙。大坝能拦水能泄洪，能自动调节水量，保持渠水相对平稳，保护渠堤安全。秦堤上古木成荫，流水淙淙，如同一首让人回味无穷的古诗。有人把灵渠叫作“陡河”，因为它“三十六陡下兴安，一陡一个天地”。

灵渠犁铧嘴是指建在大小天平顶端向江中延伸的一道石堤，其基础是松木打桩，外围用条石砌筑，中填砾石和泥沙。因它“前锐后钝”，形似犁铧嘴，故称“犁铧嘴”。

陡门是灵渠上的重要建筑之一，作用与现代运河船闸相同，是拦水以提高水位，保证船只顺利通航的有力措施。陡门的多少各朝代不同，在很长一段历史时期是三十六陡（南陡三十二，北陡四），清代为三十二陡（南陡二十八，北陡四），现在完整的陡门尚有十七个（南陡十五，北陡二）。

泄水天平为灵渠的重要建筑之一，它可把进入灵渠的洪水排回湘江，保证中下游安全。由于它起到平衡渠水的作用，所以称它为“天平”。

兴安古镇灵渠的小天平是建筑在湘江上的一座拦河堤。它按力学原理设计成“人”字形，增强了大堤的抗压力。由于它高矮适中，能平衡南北两渠通航用水，保持一定的深度，多即泄走，所以也称“天平”。北面的长 324 米，叫“大天平”；南面的长 124 米，叫“小天平”。

泄水天平

小天平

马嘶桥

天平高约 5 米，宽 17 余米，上下用巨石砌就，中间用薄石直插，砌成鱼鳞状，因此这些薄石被称作“鱼鳞石”。

马嘶桥

兴安马嘶桥，乍看似三桥合一，横跨两水——灵渠和双女井溪。当年灵渠修建时于此处与双女井溪交汇，因灵渠水位高于双女井溪，秦代工匠便采取修建涵管之法，将双女井溪引入灵渠下穿渠底而过，从而形成了世界水利史上罕见的水上立交。明洪武年间，双女井溪上建有白云、攀桂二桥，后坍塌。民间相传伏波将军马援当年路过此地，因旧桥破损马嘶不前，马援欲卖马修桥，百姓得知后纷纷捐资修桥。新桥落成后，百姓们为纪念马援，将新桥称为“马嘶桥”。

兴安古镇幽静的水街

水街

古灵渠流经兴安古镇长约一公里的街市，历史上俗称为“水街”。水街全长 90 米，浓缩了桂北 2000 多年的历史文化，传承了秦汉建筑文化的精华，还保留了大量的明清石雕石刻。整条水街主要体现古建筑文化、古桥文化、石雕文化、灵渠文化和岭南市井风俗文化五大部分。

水街上的商铺

粟家桥

特别是近年来水街经过不断建设，在修旧如旧的基础上展现了亭台楼榭、小桥流水的市井风情，再现了古老运河曾经的辉煌与沧桑。

粟家桥

兴安古镇水街的粟家桥为明代建筑，相传为一粟姓人捐资兴建。此桥为虹式单孔石拱桥，无桥亭，桥面用薄石板铺设，桥型轻巧秀丽。粟家桥坐落在秦堤绿林丛中，别具诗情画意，历经数百年风雨从未维修过，至今仍保持完好，由此可见古代劳动人民建桥技术的精湛与高超。

万里桥

兴安古镇水街上的万里桥是灵渠上最有名最古老的桥。它建于唐宝历年间，是唐朝桂管观察使李渤于宝历元年（825年）建成。据说万里桥离唐朝的都城长安水路有一万里的路程，所以人们称它为“万里桥”。

万里桥

娘娘桥

砖雕照壁

娘娘桥

水街上的娘娘桥建于清康熙七年（1668 年），为兴安监生石禁国捐资兴建。原称为“天后桥”，桥上建有桥亭，亭内祀奉天后娘娘像，故民间也将天后桥称为“娘娘桥”。天后实为妈祖，为海上渔民所供奉的神，灵渠古桥上之所以供奉妈祖，是因为当年灵渠上的商船北通长江，南达珠江，进而沟通东、南海。内地渔民将海边渔民的习俗带来，娘娘桥证明了灵渠水运的兴旺。民国年间，当地文人认为“娘娘”一名不雅，另起名为“沧浪桥”，2004 年该桥重建后恢复为“娘娘桥”。

砖雕照壁

兴安古镇秦城水街砖雕双面照壁高 5 米，宽 6.8 米，是目前国内最大的双面陶塑砖雕照壁。整个照壁上的图案以兴安 1000 多年的历史文化以及修建灵渠的将军为主要内容，并融合观音娘娘、四大金刚、八仙、哪吒、招财童子、鳌鱼等民俗文化元素，以表达修建者祈盼过往百姓平安如意、幸福吉祥的心愿。

五马坊

三将军墓

兴安古镇灵渠旁有一座三将军墓。传说修建灵渠时有三位将军，前两位因误工而被斩，后一位不愿掠功而自刎。人们尊敬他们，将他们合葬，故其墓被称为“三将军墓”。

三将军墓

供稿：秦玉庭　黄启洲

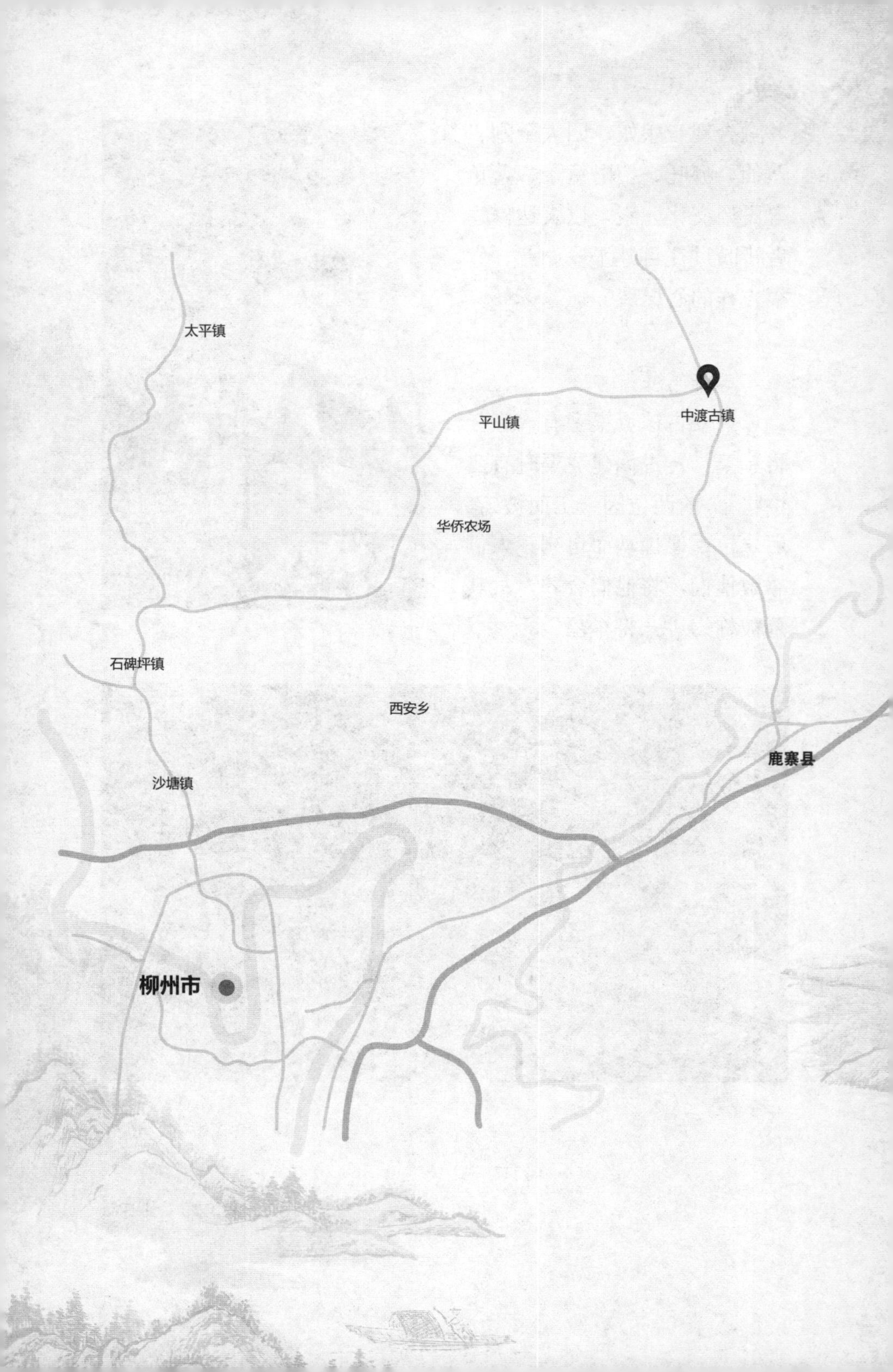
太平镇
中渡古镇
平山镇
华侨农场
石碑坪镇
西安乡
鹿寨县
沙塘镇
柳州市

古镇鸟瞰

鹿寨中渡古镇

LUZHAI ZHONGDU GUZHEN

中渡——国家历史文化名镇，古称“洛容”。它位于柳州市于鹿寨县城西北 28 公里处，既是鹿寨、融安、永福三县的结合部，又是鹿寨县西北的经济、旅游重镇，素有“四十八弄的明珠”之称。

据史料记载，中渡最早建于三国吴甘露元年（265 年），距今已有 1750 多年的历史，为常安县治。唐宋时期为洛容县治所在地。明天顺年间迁于米峒（今大兆村旧县屯），正德时移至龙潭（今福龙村新县屯），嘉靖三年（1524 年）复移旧地。清光绪三十年（1904 年），桂林同知移驻雒容县茶亭渡口（今中渡镇），始作厅署；光绪三十二年（1906 年）置中渡抚民厅。

明代城墙

清代城墙

清代码头

保护完好的青石板路

民国元年（1912 年）降为县，仍作县治。1949 年成立百寿县中渡行政办事处，1950 年 9 月改为中渡县人民政府，1951 年 6 月撤中渡县并入鹿寨县。

镇内有以平蛮碑、京观石、香桥岩石刻、旧码头、千年古榕为代表的洛江文化。同时，还有保存完好的东、西、南、北四条街，以及古城门、明城墙、老商号、粤会馆、关帝庙等古建筑。这些遗址遗物的存在，展现了古镇曾经的岁月沧

钟秀杰故居

民国中渡县政府旧址

桑、美丽的自然风光、淳朴的乡土人情和深厚的文化底蕴，构成了中渡一幅完美的画卷。

中渡古镇，历史悠久，文化底蕴深厚。这里因地灵而人杰，因人杰而文化灿烂。历经千年的繁衍生息，中渡古镇孕育了一代代历史名人，形成了崇文尚武、尊师重教的文化现象。宋代文人张亚卿，明代仕者韦士恭，清代武将李岚谷（太平军中军佐将），革命先驱钟秀杰，文化名人韦晓萍、潘文经生于斯，长于斯……一批批杰出人物，用他们的知识和双手改变着古镇的命运，用他们的精神激励着古镇人民。岁月的洗礼，让这片山清水秀的地方，愈发欣欣向荣。

关帝庙

清代民居

石敢当

和家宴

和家宴，也叫“百家宴”，是中渡一项独特的民间习俗，由古时中渡的“吃和饭”演变而来，已有将近600年的历史。

每年中渡“五二八”庙会当天下午，人们为筹备和饭，全城大街小巷的乡亲老少齐上阵，一起动手做菜。以古城内的东、西、南、北四条街道为和家宴的活动场地。大家在街道上摆起圆桌，一张紧挨一张地放在那里，成为长长的圆桌龙，尤为壮观。各家各户将自己家做得最好的几道菜献上饭桌，斟上香醇的米酒，全镇人一起举杯相碰，为祝愿彼此生活红红火火、兴旺发达而高唱“烘、烘、烘、烘起来”。大家干杯之后，宴席正式开始。

而今，为沿袭古时中渡民俗，中渡镇将“吃和饭”改称为“和家宴”，喻示着家家和和睦睦，家人平平安安，生意兴兴旺旺。近年来，和家宴已发展成为当地的旅游品牌活动。

山歌

明末清初，歌手张老溜从宜州将山歌传入鹿寨县平山、中渡一带；清乾隆年间至民国时期，山歌活动在中渡极为盛行。因平山一带山歌更具代表性，因此大家将流传在平山、中渡一带的山歌统称为“平山山歌”。

山歌的功用是多方面的，可以讲述故事、历史，可以解困消愁、传授知识、表达情感等。平山山歌属原生态双声部民歌，由一人主唱，另一人伴唱，二人形成和声，既增添山歌的演唱气氛，又使得音色更优美。平山山歌的代表曲目有《石榴结籽抱成团》《问哥爱不爱》等。

会歌台

平山山歌能传承至今，是因其具有极强的渗透力。旧时，当地要举办各种庙会，家庭筹办红白喜事也要开设歌堂。因山歌形式活泼多样，且队伍精干人数不多，最受群众欢迎。如今当地政府和社会举办大型活动，原生态的山歌深受观众的好评。2006年，平山山歌被评为柳州市民族民间非物质文化遗产保护项目。2007年，经广西壮族自治区人民政府批准评为自治区非物质文化遗产保护项目。

铜盆山石刻

供稿：黄小斌

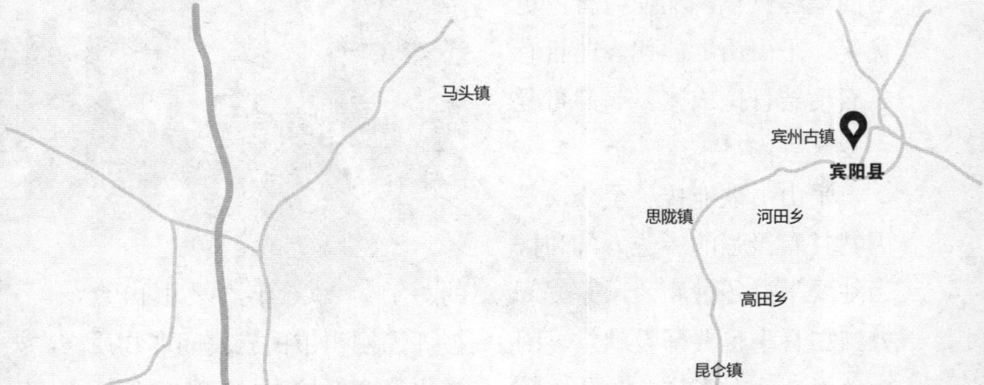
马头镇
宾州古镇
宾阳县
思陇镇
河田乡
高田乡
昆仑镇
陈平乡
甘圩镇
南宁市
长塘镇
西江镇
南阳镇
良庆镇
刘圩镇

南街

宾阳宾州古镇

BINYANG BINZHOU GUZHEN

宾州古镇位于南宁市宾阳县，指的是包括三联街、南街、外东门街和宝水江在内约 3 平方公里的古城区域。始建于宋开宝六年（973 年），至清代进入鼎盛时期，是广西四大古镇之一，也是宾阳古代县、州、郡治所在地，以及宾阳建制伊始的政治、经济、文化中心，故人们也称其为“宾州古城”。它是岭南地区古代重要的商埠，中原文化与岭南文化在宾州古镇得到了很好的融合，壮、汉文化在此交融、发展。悠久的历史孕育了宾州古镇深厚的文化底蕴，并因此拥有了丰富的人文历史景观。

宾州古镇的古民居多为单层的砖瓦结构，每条街都有一到两户大户人家，其房屋建筑

南街冬景

精美，砖雕、石雕、木雕都有很高的工艺水平，梁柱、斗拱、檩椽、墙面、天花板都雕饰精美，千姿百态，栩栩如生。

整座古镇，主要遗迹有思恩府科试院、文庙、古城墙遗址、古城碉楼、护城河遗址、近代衙门旧址等，有南街、外东门街、三联街，有做工精巧的南桥、截龙桥、斧桥、东桥；民俗文化有舞炮龙、游彩架、丝弦戏、踩高跷、师公剧、八音等。

南街

南街因是宾州古镇外南面一条古老的商业街，故称为“南街”；因其街道特别长（960米），故又称“五里街”。南街现有400多户人家2500多人。据史料记载，南街始建于元代而成于明代，兴盛于清代。元代，闽、粤、赣人因避战乱且看好宾州的区位和商贸环境而集市于此，筑铺面作经营，因而形成街的雏形。明永乐七年（1409年）扩建成颇具规模的南市；清代至民国期间，这里商贾云集，经贸异常红火，南街遂得以不断扩建，而成今日之规模。

古老的南街是由北向南延伸的，街口只不过四米多宽，街道两旁是典型的一至二层江南砖瓦土木结构楼房建筑。所有楼房前面门阶都用青石板铺就，而且户与户之间所铺的青石板均连在一起，整条街道好像镶上了两条石板边。

二铺庙

二铺庙位于宾州古镇南街二铺街，故得名“二铺庙”。它建于明朝初年，分三厅一院后天井。庙门前两根高大石柱拔地而起，叫顶天柱。前厅堂内方形石柱林立，支撑着整座庙宇的房檐屋顶，建筑工艺十分精致，富有民族特色。庙门前四座房檐原分别安放太阳神、月亮神、仙童、仙姑四个神像雕塑，神像脚下盘桓着各种栩栩如生的小鸟。大门两侧厢房供庙祝接待香客捐香油、香资之用。前厅、中厅之间有一个大院，院中铺设一条1.5米宽的青砖路直通中厅正殿，两侧花草竹木成荫。正殿中安放儒家孔子圣像和白帝老爷、白帝娘娘神像。中厅两侧分别有后门直通后厅，后厅作为接

二铺庙

待远道而来的香客食宿之用。后厅天井种植了各种名贵花草供香客观赏。清朝，在南街富豪及知名人士的大力支持下，二铺庙获重修，重修后该庙更加光彩夺目。

黄家大屋

黄家大屋位于南街二铺街，离南桥200米。它临街而建，分老宅和新宅，规模不小。老宅坐东向西，位于街之左；新宅坐西向东，居街之右。各宅均有大门，独立成居。新宅虽名“新”，但也有近百年的历史了。老宅和新宅共有30多间房，占地面积3000平方米，居南街民居之首。老宅长60米，宽25米，占地面积1500平方米。其主体建筑共分四进：一、二进为客厅，三进为正堂，四进为后院。一、二、三进之间，有用青石镶嵌的三个天井将各进连接。厅堂左右两旁各有一条用青砖铺砌、笔直狭长的廊道通向宅居各处。两条廊道内各排列五间住房。厅堂的隔墙后面为黄家后院，设有厨房、作坊、仓库、晾衣场。新宅

黄家大屋

的设计与建筑风格几乎与老宅相同。

黄家大屋各厅之间的宅门为优质的木料所制作，门旁雕刻有“花开富贵”“竹报平安”“如意吉祥”等字样，还雕刻有花鸟图案，或制成方格木窗。屋顶上檐角高翘，其建筑造型独特新颖，颇有大家之风韵，体现了黄家官宦与书香世家的气派。

2006 年 8 月，中央民族大学原副校长梁庭望教授到宾州古镇考察时，在黄家大屋门口内的左侧墙壁上，发现了一件珍贵的历史文物——青石蝙蝠头门神浮雕。浮雕为拱形，青石结构，上端由一个栩栩如生的蝙蝠头与一个“福”字构成，下端用香火供奉。梁庭望教授说在我国人们一般都把狗、狮子等作为门神供奉，但像这样把形音结合为一体，以蝙蝠为门神供奉的浮雕，在全国还十分少见，具有很高的研究价值。而且，民间习俗常是人祈求神的保佑，但黄家大屋这个门神是建在房子大门口里面的，按照梁庭望教授考证的说法，门神在房子里面，意思是要门神保佑你，那么门神自己首先要得到保护。这是一个平等的、和谐的、人神共生的景象。

门神浮雕

南桥

南桥位于南街与三联街之间，横跨宝水江，始建于明洪武六年（1373 年），由知州周乐集资筹建，是宾阳县现存较古老的石桥之一，迄今已有 600 多年的历史。南桥长 24.5

南桥

米，宽 5.2 米，高 6 米，全是用料石砌成（通桥砌石不用任何黏合料），开 3 个拱洞，每个拱跨 6 米，两拱间桥墩造型极美。整座石桥厚实坚固，装饰雕刻工艺精美，图案逼真。桥面铺垫平整光洁的石块，桥两旁每边以 13 根高 0.8 米的石柱，夹着 14 块高 0.6 米的长方形石板，构成桥栏。两边 28 块石板上各雕刻有一幅精致的浮雕，有双龙戏珠、双凤朝阳、鸳鸯戏莲、麒麟吐玉、鱼跃龙门、猴子摘桃等神话故事，还有花、鸟、虫、鱼、鹿、马、牛等图案，栩栩如生。两个桥墩上，嵌有一对石刻雌雄螭兽，雄兽逆水居右，雌兽居左，与中国古代的阴阳五行学说相契合。我国研究古桥梁建筑的专家说，桥墩上嵌有雌雄螭兽的古桥，在国内唯有宾阳南桥一处。

南桥石雕

思恩府科试院

思恩府科试院坐落于宾州古镇内（原宾阳县职业高中后山脚下——后山为小土坡，是宾州古镇北城墙遗址所在地），现为广西壮族自治区文物保护单位。据史料记载，思恩府科试院分监考宫殿、陪考老师房以及封闭式考房，也称为“试棚”。监考宫殿立于试棚前面，分前殿、中殿和后殿，居高临下观察试棚，一目了然。殿的左右设有廊室，每侧九间为考官憩室。陪考老师房在殿的正右方十米开外，各种设施的配套比较齐全。宾阳、上林、迁江三地“三年两试”以及科考、岁考应试生曾驻考于此。思恩府科试院鼎盛时曾有2400间试棚。如此大规模且保存完好的科试院，在广西甚至在江南诸省并不多见。

现存的思恩府科试院为砖木结构的传统中式建筑，坐西北朝东南，前后三座（厅），左右两边各有厢房。试院中正

思恩府科试院

节孝祠

三座主体建筑各宽15米，前座深8.4米，中座深7米，后座深7.5米。左右厢房各宽32米，深41米，左右分别有9间。前座和中座之间天井两旁各有一个

宾阳壮锦织锦现场

月门通向厢房。前座大门外廊两侧各有一个拱门，中座后廊两边各有一个拱门通向走廊。两边厢房走廊有10根圆柱，其余4根为方柱。从柱头石礅的石刻到房屋的建筑形式，都带有浓郁的传统中式建筑风格。

宾阳壮锦

壮锦与蜀锦、云锦、宋锦并称为“中国四大名锦”。民族织绣中的壮锦又独树一帜，别具特色。明代，有龙凤花纹图案的壮锦已成为贡品。

壮锦工艺美术有着悠久的历史人文背景，丰富的文化内涵，极高的审美价值和浓厚的民族特色。宾阳的壮锦工艺美术在前人的基础上又有所创新，更上一层楼，更趋精巧、艳丽、完美，式样更为丰富。

国家非物质文化遗产——宾阳炮龙节

宾阳传统民俗活动——游彩架

供稿：宾阳县旅游局

合浦县
南康古镇
兴港镇
福成机场
靖海镇
平阳镇
北海市
营盘镇

老街俯瞰

北海南康古镇

BEIHAI NANKANG GUZHEN

南康镇地处北部湾畔，位于北海市东部，东北临大海，东连兴港镇，南靠营盘镇，西接银海区福成镇，北邻合浦县闸口镇，西北与合浦县十字乡交界。距北海市区中心41公里，距北海福成机场18公里，距合浦县城36公里，北铁一级公路由西向东贯穿其境。南康镇是全国文明镇、全国重点镇、全国发展改革试点小城镇和中国特色小镇，也是广西历史文化名镇和广西特色文化名镇。

南康镇，古为百越之地，汉代为合浦郡合浦县辖地；三国吴黄武七年（228年）属合浦县析置的珠官县辖地；五代时属常东州盐场县辖地；民国时期为广东省第八行政区专

解放路

玉书楼

员公署合浦县辖地。1949年以后，先后为钦州专区、合浦专区、湛江专区合浦县辖地；1965年为广西壮族自治区钦州地区合浦县辖地；1987年7月为北海市合浦县辖地；1995年2月为北海市铁山港区辖地。2011年年底，镇辖区总面积175.4平方公里，总人口约6.6万。自古以来，南康人杰地灵，人文荟萃。据不完全统计，科举时代先后出了进士、举人等30多人。中华人民共和国成立后更是英杰辈出，著名作家、诗人白原，第十二届全国政协常委、中国作协第七届副主席陈建功，广东省著名剧作家林骥，广西壮族自治区政协原副主席姚克鲁等都是南康人的骄傲。

南康镇地势平坦，属亚热带季风型海洋性气候。日照强烈，热量充足，冬暖夏凉，无霜期长。境内主要河流南康江，源于石康镇沙路口村东，南偏东流经南康圩，至营盘镇青山头入海。干流长 31 公里，流域面积 181 平方公里。全镇河堤长 13 公里，大小匡围 16 个，山塘陂坝 45 座。

南康古镇现存的旧街巷有团结路、朝阳路、解放路、上新路、前进路，分布面积约为 1 平方公里。据地方志记载，早在唐代，南康就成为船货交换的集散地并形成圩镇。明朝时在北部湾沿海设立的“珠场八寨”，南康寨居中，是珠场巡检司驻地。到清光绪年间，廉州知府设立石康、南康、耀

前进路

康三个圩市，集镇再度繁荣。

南康老街的民居主要以清末传统民居为主，也有骑楼建筑和西式建筑，总体保留了清末民初的历史风貌，反映了当时南康社会经济发展的基本情况，是研究当地历史建筑及清末至民国期间社会状况的重要实物。

古镇主要的古建筑有清代的三婆庙、冼太庙、天波府、三帝庙、薯苗行古井，近代建筑有杨天锡故居、玉书楼、许锡清故居、南康中学高中楼、八角楼等。

天波府与冼太庙并排而建

冼太庙与三婆庙并排而建

供稿：廖元恬

薯苗行古井

古镇小巷

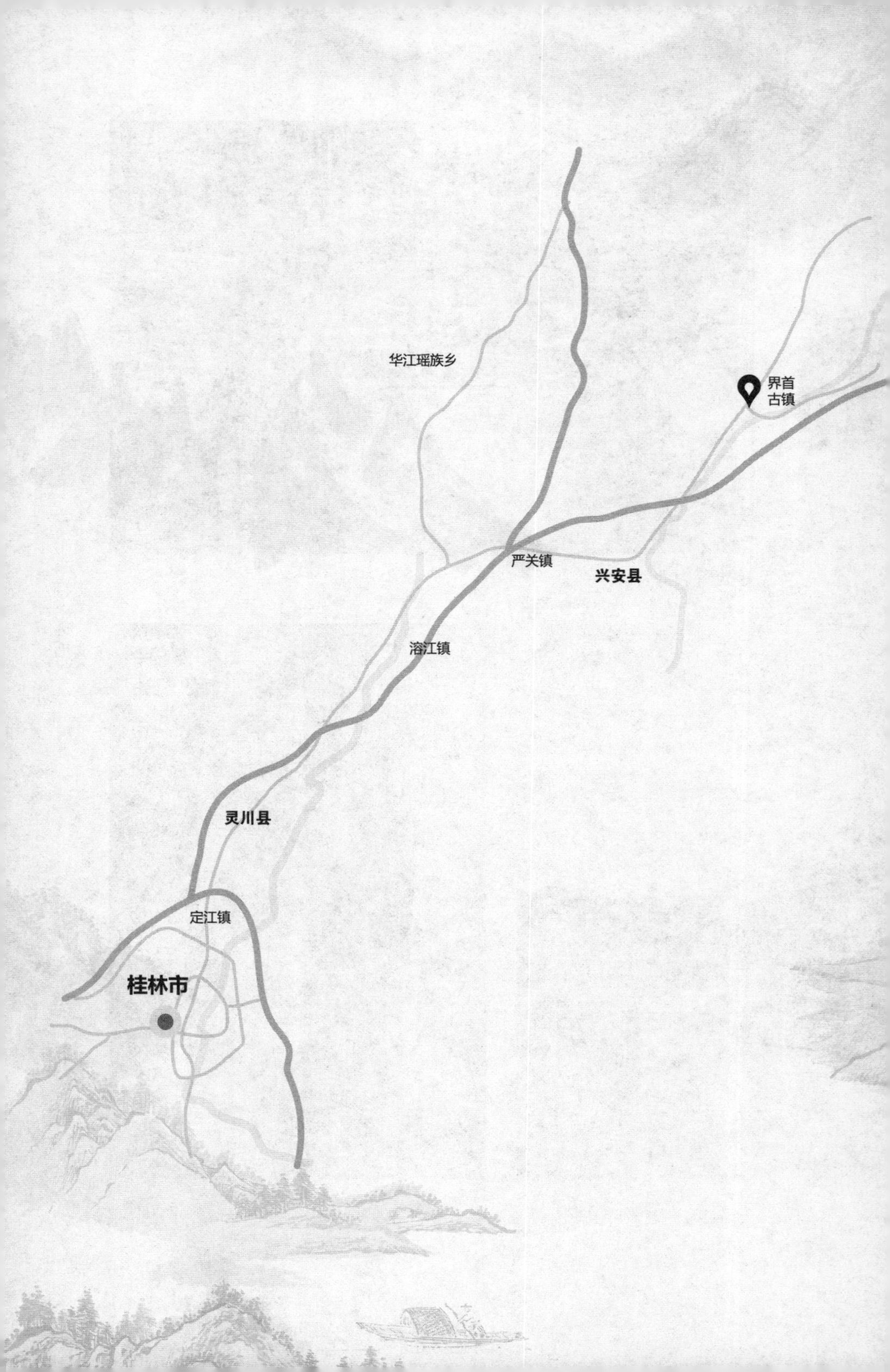

华江瑶族乡
界首
古镇
严关镇
兴安县
溶江镇
灵川县
定江镇
桂林市

古镇一隅

兴安界首古镇

XING'AN JIESHOU GUZHEN

美丽的湘江边上镶嵌着一颗璀璨的明珠——界首。界首古镇起源于两汉，发展于唐宋，繁荣于明清，已有 2000 多年的历史，是名副其实的历史名镇。它位于桂林市兴安县北部，依湘江而造，地理位置优越。明洪武二十七年（1394 年），全州属湖南省，兴安属广西省，界首正好处在两省的交界处，故名为“界首”。

界首自古就是湘桂走廊咽喉要津，连接湘桂两省（自治区）和桂北四县的水陆交通枢纽，是广西与中原地区往来的要塞，是桂北四县的区域性商贸中心，也是中原文化与岭南文化传播交流的重镇。

界首镇至今还保存着明清时期遗留的 300 多座骑楼商

关帝庙的马头墙

骑楼侧面结构

铺，其建筑文化受中原文化、岭南文化的影响，形成了独特的桂北民居建筑风格。坡屋顶、马头墙、木栏杆、骑楼是其建筑的典型特征，建筑风格融合了徽派建筑元素、岭南骑楼建筑元素，兼备明清建筑的简约和民国建筑的典雅。传统建筑一般为二层三进格局，材料主要有木材、瓦片、青砖和夯土。建筑设计手法和先进的防洪减灾体系都展示了当地居民超群的建筑技艺。

骑楼街

古镇圩日

街道老商号

骑楼

骑楼街

古风犹存的商业骑楼式主街由东向西贯穿全镇，与南北向的多条生活性老街道呈“十”字或“丁”字交叉，自发性生长形成有机相连的道路网，从而构成“江街平行、水陆相邻”的树枝状古镇格局。商业古街始建于明末清初，街上的商号曾经盛极一时，现在古街上的古骑楼大都保存完好，许多传统风格的药店、杂货铺、旅社、裁缝铺、榨油坊、酿酒厂等也随处可见。在古街一些铺面前的廊柱上，还留有“裕昌隆”等老字号铺名。这些古老的商号名都已有上百年的历史，是古镇商业发展的重要标志。站在高处，俯瞰古镇民居，古镇骑楼商铺紧紧相连，气势恢宏，犹如一条巨龙卧于湘江河畔。古街上数百间骑楼铺面相连，长达1.3公里，是我国县级规模最大、长度最长、风貌最完整的明清古骑楼建筑群。

红军堂

界首镇红军堂，原名“三官堂”，据史料记载建于1912年，因供奉着天官、地官、水官而得名“三官堂”。三官堂坐西向东，门前临湘江，距离界首渡口不到100米。红

依湘江而建的红军堂

军长征时，两个中央纵队就是从这里通过浮桥渡过湘江的。三官堂是当年朱德、彭德怀指挥红军突破敌人第四道封锁线——湘江战役指挥所旧址，又是红军在门前架设浮桥渡河的主道，有多位中央领导人从这里渡江。为表示对红军的怀念，当地人在此修建红军烈士纪念墓，维修三官堂，并将三官堂改名为“红军堂”。2006 年，红军堂被评为全国重点文物保护单位。

红军堂内景一隅

红军堂内展示的红军用过的物件

供稿：秦玉庭

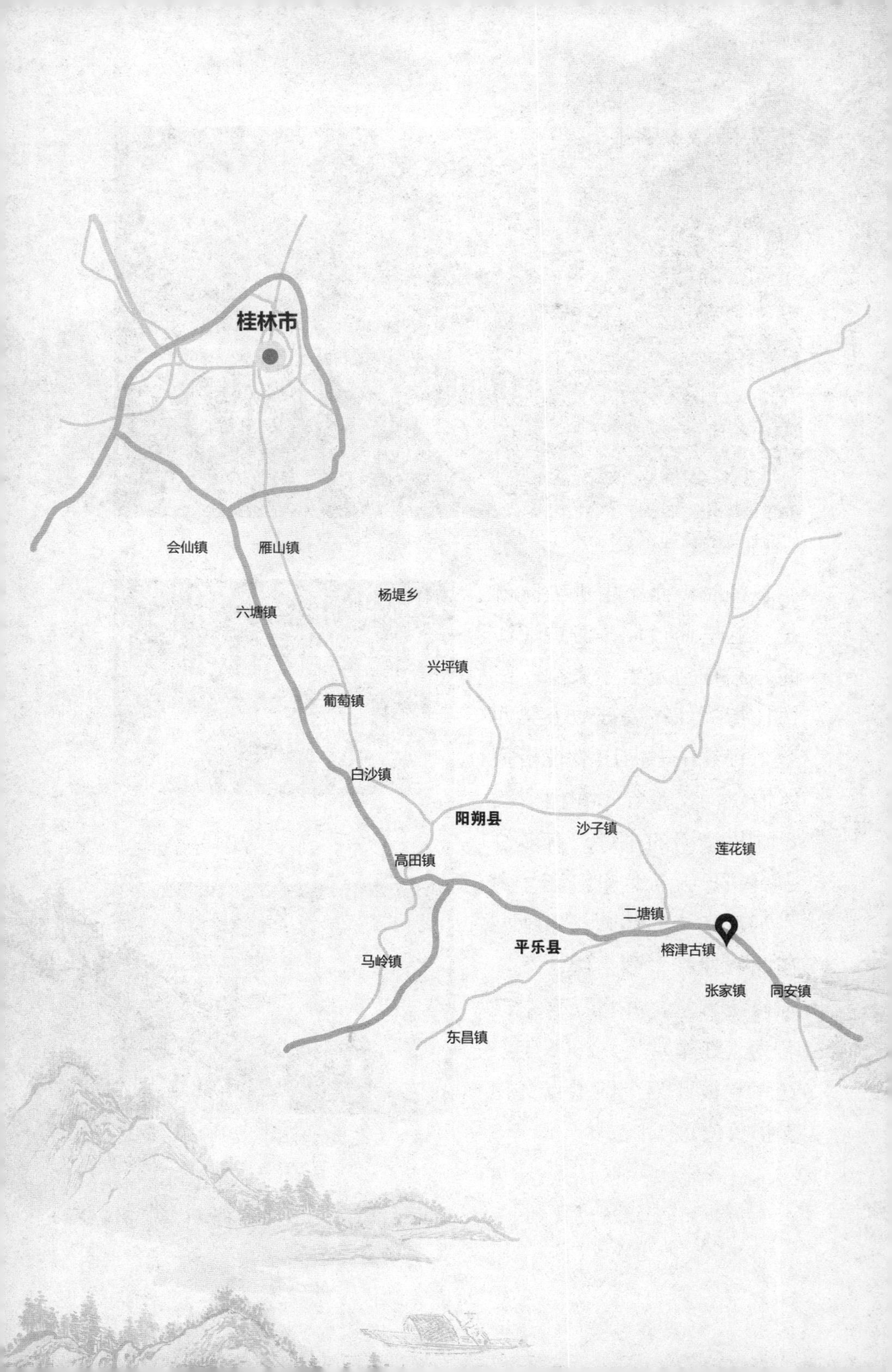
桂林市
会仙镇
雁山镇
杨堤乡
六塘镇
兴坪镇
葡萄镇
白沙镇
阳朔县
沙子镇
莲花镇
高田镇
二塘镇
平乐县
榕津古镇
马岭镇
张家镇
同安镇
东昌镇

千年古榕

平乐榕津古镇

PINGLE RONGJIN GUZHEN

桂林市平乐县张家镇榕津村的榕津古镇，在平乐县东面，距县城约25公里。古镇恰如其名：前有古榕，后有津渡。

榕津古镇始建于何时，已无文献可考。但其附近的银山岭、荒头岭、大穴岭、莲花岭和大岭一带，有大规模的古墓群。经1974年银山岭古墓考古发掘确定，该古墓群为战国晚期至秦汉时期古墓群。

漓江支流榕津河、沙江河在榕津交汇，沟通了平乐与湖南，广西桂林、昭平、贺州、梧州和广东的水上通道，榕津因此很早就成为货物贸易集散地。但其特有的人文景观，却更为人们所向往。

古镇的入口处，有两棵古榕，传说已有千年，枝繁叶茂。

古镇拱门

民间传说：进出古镇，会获得“榕荫”——古树神灵的保护；经过古榕粗壮的气根形成的四个巨大拱门的商人，都会生意兴隆、四季发财。因此，人们还在古榕旁搭起了戏台，在古榕的“福佑”下举办各种节庆和祭祀活动。

古榕津的出口，连着青石修筑的码头，这就是“津”。清《平乐县志》说“榕津渡通富贺，官渡”，即榕津乃为数

古戏台

天后宫

不多的官修渡口。往来的货物在这里上岸、下船，经商的人从这里出发、归家。码头旁有观音石雕，给人们指点方向。而“入有古榕荫护，出有慈航普度”的榕津，不仅是商人们之最爱，名人贤士也喜欢借它寄托情思：“人在天涯送远春，远春还送欲归人。风光渐扫缠绵雨，云水原随淡宕身。玉笋峰多通桂驿，木兰舟小望榕津。祇[1]怜花事成狼藉，那有残红上绣茵。”（清·阮元《送春日去桂林》）

现在的榕津，仍能窥见古代商业巨镇的面貌：青石板铺

①祇，应为“只”。

粤东会馆

就的宋代古街，两旁一间间独具南方特色的砖木骑楼，一楼临街窗口的木遮板，平放下来便是放货的柜台；大户人家商铺兼仓储结构的宅院，防火、防盗、防匪设施一应俱全。镇内还有粤东会馆、江西会馆等专供商人议事、集会的场所。

榕津的文化气息很浓，有保存完好的魁星楼、紫竹仙宫，有水质优良且现今仍在使用的古井。典雅、古朴的老宅与成片的古榕相映相衬，马头墙、楼角屋脊、飞檐流拱、梁椽廊柱、门窗柱础上有数不清的浮雕、壁画。每逢年节，人们在古戏台上载歌载舞，唱戏演出。据说，当地业余桂剧班还有一面被称为“广西第一锣”的铜锣，县志记载，其直径超过半米，音色浑厚，有钢铁之声，人们称之为“上锣”。

紫竹仙宫

古民居廊檐下清晰可见的古画

老街

石板巷道

供稿：秦玉庭

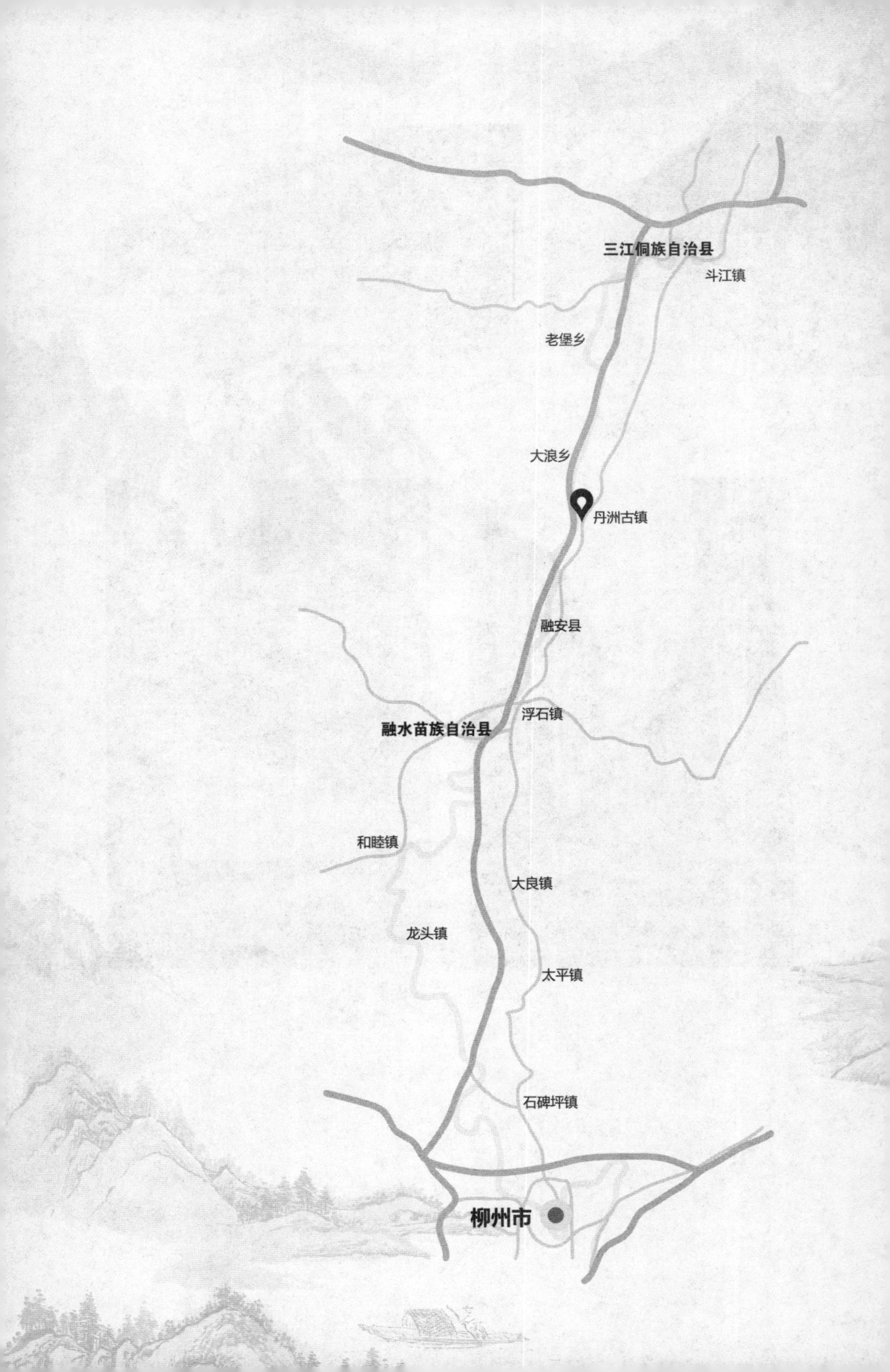
三江侗族自治县
斗江镇
老堡乡
大浪乡
丹洲古镇
融安县
浮石镇
融水苗族自治县
和睦镇
大良镇
龙头镇
太平镇
石碑坪镇
柳州市

古镇远景

三江丹洲古镇

SANJIANG DANZHOU GUZHEN

丹洲明代古镇地处广西三江、融安、融水三县（自治县）交会处，位于柳州市三江侗族自治县南端的融江江心小岛上，四面环水，江水便是天然的护城河。丹洲是三江侗族自治县的南大门，区位重要，风景秀丽，是三江历史上的第二座县治名城，亦名“怀远县城”（第一座宋代怀远城设在老堡，第三座在古宜，是现在的三江新县城）。古镇是三江明清及民国建制时期的古县城，是当时怀远县（三江）的政治、经济、文化中心，已有400多年历史。

丹洲岛呈狭长状，南北长1850米，东西宽850米，总面积1.6平方公里。地形地貌奇特，形似金鸡，故丹洲又称

东门

“丹凤朝阳洲”。

丹洲镇是一个四面环水的“水上之洲”，岛上空气清新，安逸恬静，拥有得天独厚、秀丽多姿的自然风光。岛上有大草坪、竹林、杜鹃花、百年古榕树、百年山茶花、鹅卵石河滩和荷塘。上游沿岸有半边脸、姑娘房、白老鼠、狮子岩、蒋军石、清水泠等景点。环岛而过的融江没有工业污染，清澈、秀丽，可开发沿江观光、漂流、游泳等江上旅游活动。

丹洲古镇于明万历十九年（1591 年）动工，次年落成。城为正方形，周长约 977 米，基址至墙垛高约 5 米，城墙厚约 4 米，墙顶除垛外还筑有通道，宽约 3 米。墙身为明代标准砖砌筑，墙垛有部分为清代

古城墙

标准砖砌筑。城设东、南、西、北四个城门，均为青条石砌筑。目前，仍保存有东门、北门及约 200 米长的古城墙。

东门

东门，位于丹洲古城墙之东，由城门和城楼两个部分组成。下层为门，称为“欢雷门”；上层为楼，名曰“就日楼”。门有砖石门洞和厚杉木门，门洞深 3.33 米，高 3 米，两扇优质杉木门厚 16.7 厘米，每扇重约 250 千克，非常牢固。城楼建在城门之上，1958 年城楼被拆，2007 年修复重建，其建筑风格具有洛阳古城楼的建筑特点。

北门

北门，位于丹洲古城墙的北面，是四扇城门中保存最完整的城门。它也由城门与城楼两个部分组成。城门在下，名“治定门”；城楼在上，名曰“北帝楼”。城墙厚约 5 米，高 6 米。此外，北门还保留着完整的碑文资料，具有一定的考古价值和历史研究价值。

北门

丹洲书院

丹洲书院

丹洲书院于清道光三年（1823 年）秋创办，光绪三十四年（1908 年）书院改建为两等小学堂。1927 年改办三江县立第一小学校。20 世纪 30 年代改为丹洲乡中心学校。中华人民共和国成立后改为三江侗族自治县丹洲中心小学，建有教学楼两栋。2008 年，因生员少，丹洲中心小学并入丹洲镇丹洲中心学校。

书院坐落在丹洲古城内东门南侧，占地面积约 1340 平方米，原有东、西、南、北楼教室以及办公室、宿舍、礼堂、存书室、运动场等，在当时是一个比较完善的教育场所。大门为砖木结构，其余为木质结构，屋顶为歇山顶，四周有砖石围墙。中间有天井，种植花草，后院亦有古树。楼房均为三开间，每开间宽 8 米，进深 6 米，高 8 米，建造工艺精致，具有典型的清代建筑风格。

南、北两座楼于 1945 年被日寇烧毁，西楼亦已烧着，幸得民众抢救才保存下来，现仍有焦木两根，是日寇侵华的罪证。

闽粤会馆

闽粤会馆，又称“天后宫”，位于丹洲古镇的东北面，为明末清初时期所建，至今已有 300 多年的历史。它是三江境内目前保存较为完整、规模较大的明清时期会馆建筑，是福建、广东等外省人活动、祭祀的场所，是客居三江的商界人士为联络感情、协调关系、议定策略、维护权益而修建的活动中心。

会馆为四合院建筑，坐西朝东，西为正殿，东为前殿，南、北为厢楼。建筑风格按福建漳州一带的天后宫、妈祖庙的格局仿建。高墙碧瓦，气势恢宏，墙上彩绘古朴精美，具有很高的艺术研究价值。1996 年，因特大洪水浸泡，会馆正殿全面坍塌，现仅存前殿和左右厢房。

闽粤会馆屋顶

从明清建制以来，丹洲民居建造便仿效闽南一带民居的建筑风格。由于时代久远，旧民居年久失修。多年来，当地群众本着修旧如旧的原则，对一部分民居进行了维修，现存的古民居仍有部分保存较好。

碑刻

丹洲碑刻原有很多，现仅存10余块。2004年，三江文物管理所人员将碑刻汇集在丹洲北门，建成近20多米长的碑廊。2012年，为了开发旅游，拓宽场地，当地政府将碑廊向后移动了几米。丹洲碑刻保留着完整的碑文资料，有一定的历史研究价值和考古价值。现存的清代碑刻有《重修文庙序》《建立丹洲书院经过及捐款人名单》《义会碑》《重修明伦堂序》《裁草溶江十塘船役告示》。现存的民国碑刻有《丹洲中心校经费来源志》《修建龙王庙捐款人名单》《重修西厢福德洞捐款人名单》《丹洲防火会乐捐芳名》《修造丹洲三江城南河义渡碑序》《青云图》等。此外，在丹洲东门仍保留有《修怀远城庙道路碑》《怀远县城图》碑刻两块。

古码头

丹洲岛河边有四个古码头，即寿萱码头、西门码头、厘金厂码头和东门码头。

寿萱码头位于丹洲的北面，建于清朝，为清代举人黄璧之的母亲60岁生日时用贺礼所建。码头长41米，宽3.2米，台阶57级，保存完好。西门码头位于丹洲的西面，建于清朝，长23.8米，宽2.7米。厘金厂码头位于丹洲的东面，建于清朝，长44.8米，宽3.5米，有台阶25级。东门码头位于丹洲的东面，建于清朝，长52米，宽3.7米，有台阶34级。

古码头

供稿：赵东莲

江口镇
金田镇
平南县
木圭镇
和平镇
上渡镇
丹竹镇
石咀镇
蒙江镇
马皮乡
武林镇
镇隆镇
桂平市
大安古镇
天平镇
藤县
大新镇

大安大王庙古建筑群外貌（列圣宫、财帛宫、粤东会馆）

平南大安古镇

PINGNAN DA'AN GUZHEN

大安镇地处桂平市平南县东南部，距县城约25公里。东与梧州市藤县天平镇为邻，南和大新镇相依，西连镇隆镇，北面是西江。全镇面积121平方公里，是平南县最大的圩镇。今有容（容县）武（武林）公路、南（南宁）梧（梧州）公路穿境而过，交通十分方便 。

大安历史悠久，在明末便设圩市，称“大乌圩”。大乌水路交通发达，成为桂平至梧州西江河段重要的商埠，故有“一戎（圩）二乌（大乌）三江口”的说法。原白沙江六陈—大新—大乌段可通商船，其中六陈—大新段河面狭窄，水流湍急，船行至此险象环生；而进入大乌后，水流渐渐平稳，船工商客欢呼“大

大安大王庙古建筑群正面

安”，“大安”之名便慢慢地替代了“大乌”。

明清时期大安的商业、手工业已十分发达，南来北往的商客迁聚于此，因此有了各地商人建造的不同的会馆。大安与广西其他许多地方一样是多神崇拜，因此，当地又建了祀贤化大王等三界之神的列圣宫。

大安镇今遗存的古建筑群位于镇西北面，坐落在白沙、新容两江的汇合处，主要由列圣宫、粤东会馆、大安桥等组成，总称“大安大王庙古建筑群”，为广西壮族自治区文物保护单位。

列圣宫

列圣宫，原叫“大王庙”，坐东南朝西北，于清康熙元年（1662 年）始建，当时仅有一间。康熙五十九年（1720 年）改建为三间两进，因祀贤化大王等三界之神，更名为“列圣宫”，但民间仍习称其为“大王庙”。以后陆续重修扩建，但在清咸丰初年，大成国[1]农民起义，战火把庙宇夷为平地。目前遗存的列圣宫是光绪元年

①大成国，为 1855—1864 年天地会在广西建立的农民起义政权。

（1875 年）修建的，主体建筑有三间三进，深 34 米，宽 11 米。列圣宫建有头门、中座、后殿和文昌阁，中间有前后天井，井翼为廊，庙的左右附设有二祠，都是坐东南向西北。列圣宫总建筑面积为 400 多平方米，砖石木结构，硬山顶，镬耳风火墙，琉璃脊饰，雕梁画栋，有极高的建筑艺术价值。列圣宫有多方碑刻，是研究两广经济来往、文化交流的珍贵历史资料。

粤东会馆

明清时期，在商业发达的都市里由同乡或同业组成的有封建性质的团体称为“会馆”。

列圣宫正门

列圣宫后殿

列圣宫《创建列圣宫题名碑记》，刻于清康熙六十一年(1722年)

列圣宫门廊木梁雕饰

平南大安镇的粤东会馆并列于列圣宫左侧，坐东北向西南，于清乾隆五十八年（1793年）创建，于道光二年（1822年）迁到今址重建。在当时的平南镇、大安镇及思旺镇，有湖南、福建、江西及广东多省会馆，但唯有大安粤东会馆建设时间最早，建筑规模最宏大。粤东会馆原为宽三间，深三进，左

粤东会馆

俯视粤东会馆

粤东会馆门廊木梁雕饰

右开有侧门，主体建筑有头门、中座、后座和前后天井，井翼为廊房。总建筑面积近 1000 平方米。现存建筑面积 430 平方米，为砖石木结构，硬山顶，风火墙，琉璃脊饰。

大安桥

大安桥在列圣宫右侧，是横跨新客江的一座石梁桥，也是昔日大安往西江武林港口必经之道。古石桥始建于清道光六年（1826 年）。旧《平南县志》记载：“大安桥，县治东南五十里大乌墟边，邑绅劳千拱倡修，雄壮固为一邑之冠”，“咸丰初断于寇，同治七年附近士商捐资重修”。大安古石桥长 35 米，宽 3 米，有 7 跨，共有 4 个桥墩。桥面全用条石铺成，桥两旁设有石柱、石栏杆，桥梁、栏杆皆用花岗岩石料做成。大安桥近看工艺精美，远观宏伟壮丽，是广西古代石结构桥梁之代表。

财帛宫（居于列圣宫与粤东会馆中间）

“大安桥”石刻

桥面由石板铺砌

供稿：龚　海

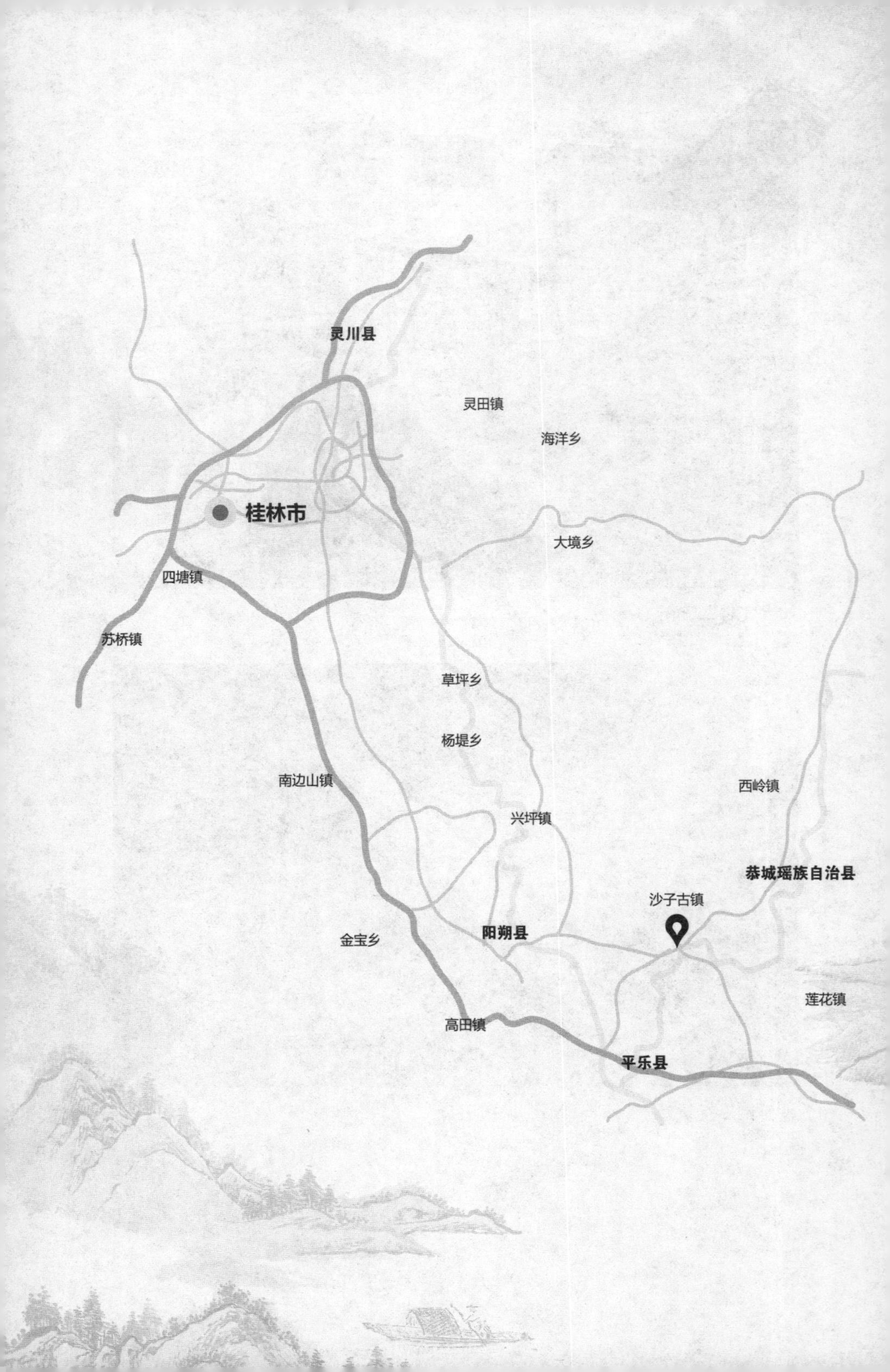
灵川县
灵田镇
海洋乡
桂林市
大境乡
四塘镇
苏桥镇
草坪乡
杨堤乡
南边山镇
西岭镇
兴坪镇
恭城瑶族自治县
沙子古镇
金宝乡
阳朔县
莲花镇
高田镇
平乐县

古镇老码头

平乐沙子古镇

PINGLE SHAZI GUZHEN

沙子镇在桂林市平乐县北部，距县城大约 30 公里。镇不大，不足 200 平方公里，全镇总共有 4 万余人。古镇，就在沙子村。

如今的沙子镇是远近闻名的农业乡镇，全镇的水果种植面积大于粮食种植面积，每年生产沙田柚、椪柑、橙、红瓜子等几万吨，为全县之最。其出产的沙田柚味甜、肉脆、皮薄，曾代表平乐县参加农产品比赛，多次获奖，人们都说其品质已不逊于沙田柚原产地玉林容县沙田所产。全镇还有硅灰石、水晶石、锰等矿产资源。沙子镇的小吃如粉利、豆腐、糍粑远近闻名。

据史料，沙子镇建于唐朝。古代的沙子镇非常繁华。

景仁街石板路

通往茶江码头的闸门

沙子镇面对茶江，背靠沙江与鲁溪的交汇处，是天然的内河良港，这里最早出现的是航船码头——埠。沙子应该是因沙江得名，直到清朝，此地还是叫“沙子埠”，分为沙子埠上街、沙子埠下街。沙子埠不光水路交通发达，还是自唐朝就开通的北陆路古驿道所经之处。所以“沙子埠虽弹丸地，上通湘楚，下接苍梧郡城，恭邑沿溯各三十里。其村落四散，人烟辐辏虽不克比数殷繁，亦昭江一巨镇也”（清·陈延纶

《准提庵记》）。朝廷在沙子设立了沙子铺（铺，古代类似于小型兵站之机构，有公馆，负责接待过往公差官员，递送邮件，亦兼治安等），直至清末才裁撤。撤铺后，废公馆地基竟被两个外地人以一百九十两银子的价格盗卖，直到光绪九年（1883年）才发现，于是捉贼追款，并用收缴的银两重建了县署五堂。

沙子镇位于阳朔、平乐、恭城三县（自治县）交界，地理位置相当重要。清咸丰七年（1857年）攻打平乐府城的反清义军，就是由天地会杨西安组织的沙子民众。早在道光十三年（1833年）平乐县丞便不驻县城，而是移驻沙子街。可不要小看了这个县丞，其官秩仅次于知县。沙子多了个县丞署，其政治地位提高了许多。

有“广西第一当铺”之称的七层高楼老当铺坐落在茶江之畔的沙子古镇

古镇石板路

老井

景仁街一座青条石做门框，且门框上刻有“昌泰”二字的老宅

古民居

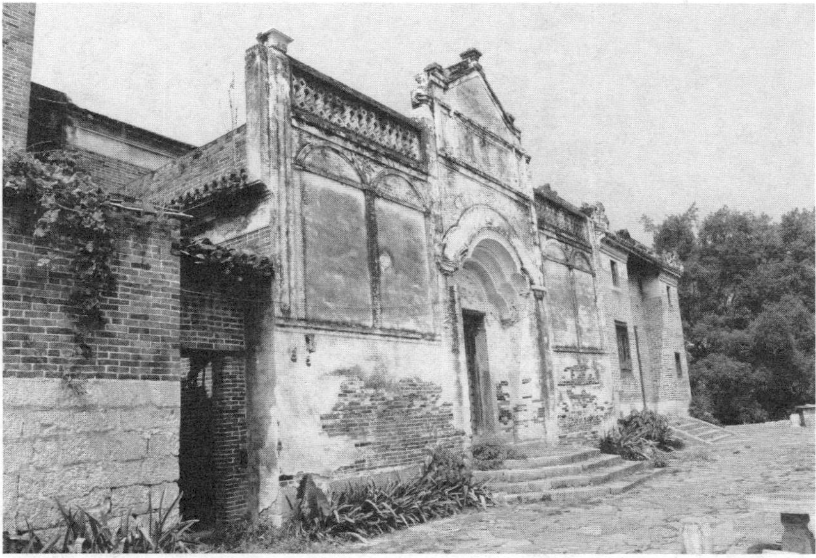

中西合璧的古民居

准提禅林寺庙

狮子桥

准提禅林寺庙

沙子镇保留的古迹不少，有被誉为“广西第一当铺”的中西合璧的七层高楼古建筑，有通往茶江码头的古闸门，有古色古香的旧民居、老码头、古井、石板路、狮子桥，还有一座“倚崇岗、面大河，篁竹幽深，云木秀野”的寺庙——准提禅林寺庙，也称“准提庵”。清朝进士陈延纶曾撰文《准提庵记》记载过该寺庙的兴衰：“向来颓垣败础，茅屋数楹，黄叶打门，青苔绣壁，折脚铛边，一雨僧樵青汲绿而已。住持云庵慨然起而新之，合埠之绅士商贾无不生欢喜心，或出囊金，或捐廪粟，或石而级，或甓而垣，或木而栋梁榱桷，扩之而广，崇之而高，不数月而庵已落成。今且莲座巍峨，香花修洁，钟晨鼓暮，梵呗经声与山色溪流互为喧寂。”今天，准提禅林寺庙香火兴旺依然，只是周围的环境已改变了许多。

老码头

供稿：秦玉庭

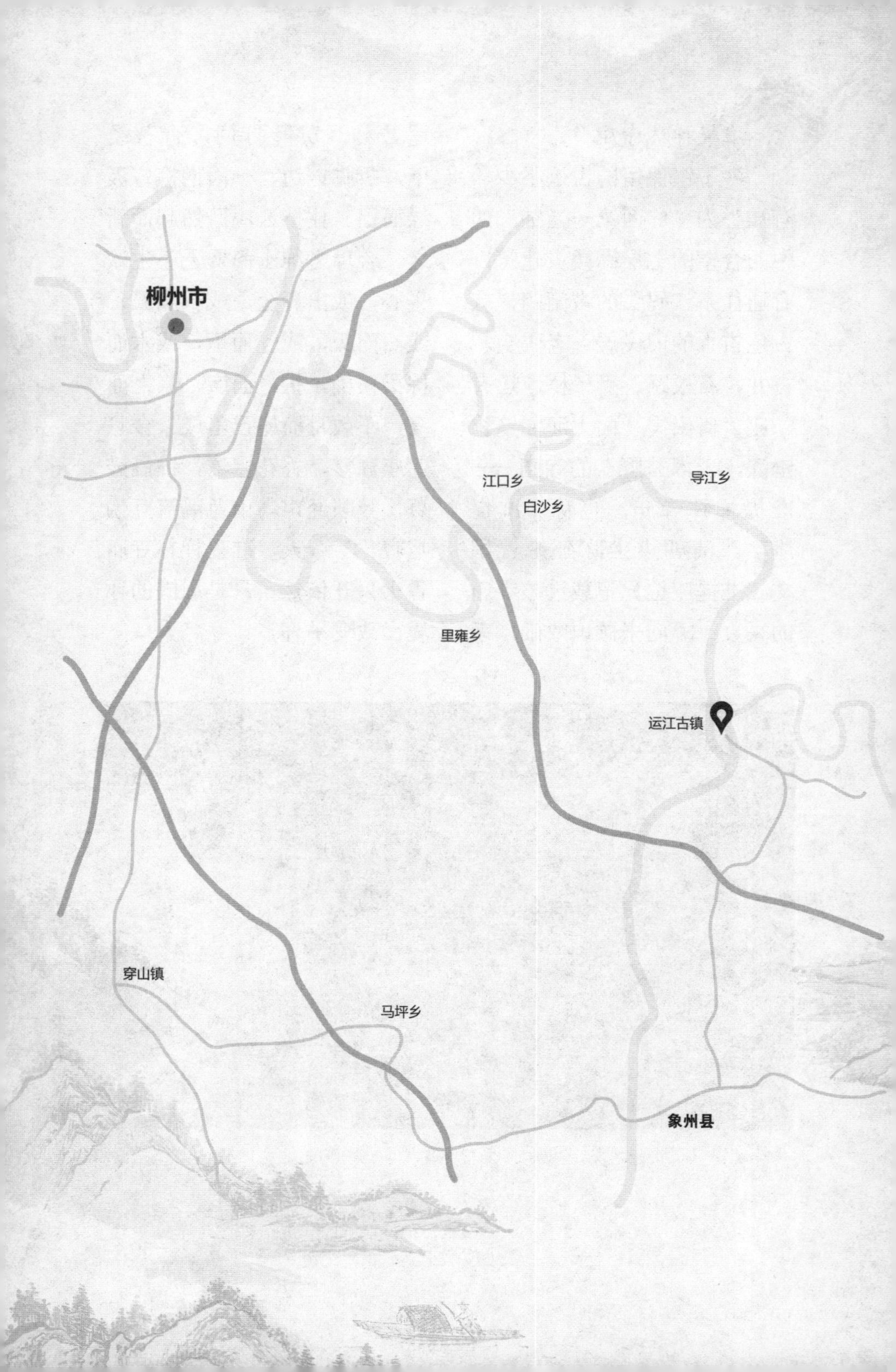
柳州市
江口乡
导江乡
白沙乡
里雍乡
运江古镇
穿山镇
马坪乡
象州县

古镇远景

象州运江古镇

XIANGZHOU YUNJIANG GUZHEN

运江古镇位于柳州市象州县北部，距县城20多公里，汛期时四面环水，是一个河中之岛。

据《运江镇志》记载，运江古镇形成于汉代，至今已有2000多年历史。运江古时一直是有名的商贸重镇，是罕见的水上孤岛古镇。明初，有丁、王、陶等姓人最先在柳江和罗秀河之汇合处务农，后廖、荣、毛等姓人相继到此务农，形成一个小村落，史称此地为“江口”。明正统年间，江口已逐渐繁荣，成为当地百里之内物资集散、转运的重要口岸，遂改名为“运江”，为雒容县封轨乡所辖。明万历四年（1576年）雒容县在柳、雒、象交界的江口设立巡检司，司署设于

石板路

古街道

古镇吸引了许多观光游客

运江圩，乃运江建制之始。清建立后沿旧制，乾隆五十二年（1787 年），江口巡检司迁往河对岸。咸丰十五年（1865 年）撤销乡的建制，推行团练制，运江设置运江团，隶属雒容县。民国二十三年（1934 年），广西改防区制为乡村制，实行自治，运江设置运江乡，下辖永和、中和、共和、太和四街和新运、桐木、联运、长塘、打古村。中华人民共和国成立后，1949—1951 年仍沿旧制。1951 年 6 月，原雒容、中渡、柳江三县合并为鹿寨县，原雒容县下辖的江口、导江、运江三乡合并成区，运江即改为区辖镇。1953 年 4 月，运江镇划归石龙县十四区，仍称“运江镇”。1958 年区并乡，此后的改制则改称乡、镇或公社。1962 年，撤销石龙县，划分为武宣、象州两县，运江公社属象州县。1980 年，运江公社改为运江镇。

千年古街

古镇千年老街的街道不宽，路面一律是青石板铺就，空隙处嵌以圆滑的卵石。街道走势由北向南，全长 300 米，宽约 4 米，布局合理，曲折古朴。大街两侧的房屋以骑楼式岭南建筑为主，多为二层骑楼，一楼为铺，二楼为居，前为店，后为厨。骑楼虽然陈迹斑斑，但是依稀可以辨认出千年老墙上残留的店铺商号字样，有客栈、饭馆、百货、酒肆、衙门、银行等。

古码头

据记载，运江古镇有宏源、沙街、东街和古石门四个码头，其中地处古镇商业中心地段的古石门码头属重要的港口码头。

如今，运江古镇已没有往

运江国民中心小学

古埠银行

老运输社

日的辉煌，曾经的“桂中商埠”繁华街道，如今门可罗雀。但是，老墙上残留的店铺商号、古老的房屋建筑、厚实的青石板路面等，为古镇积攒了深厚的文化内涵。壮族文化、航运文化、根雕文化、水文化、奇石文化等为运江古镇旅游开发提供了很多切入点。

运江古镇是国内外罕见的江心孤岛，沿江两岸自然生态环境优良，田园风光、峰丛、历史古建筑以及各种植被分布错落有致，自然和人文生态均保持完整。同时，运江古镇有着良好的区位优势，地处两江交汇处，在建的梧州至柳州高速公路穿境而过并在镇区设置出高速路口，下高速路十多分钟即可到达古镇旅游区。大藤峡水利枢纽工程建成后，古镇周边水域人文景观将更具开发价值。

目前，象州县已完成《运江古镇旅游区修建性详细规划》，将着重把旅游区建设成为以明清古镇文化体验为主题，以岛居度假、水上休闲为重点，功能多样，特色突出的水岛古镇休闲度假旅游地，并于2020年将其打造成为AAAAA级度假旅游景区。

当前，象州县正抓紧对古镇整体开发进行招商引资，力争尽快使宝贵的历史文化资源转变成象州旅游经济重要的品牌产品。或许在不久的将来，别具岭南民俗特色的“小香港”“不夜城”式的旅游名镇将风采再现。

甘王庙

古镇码头

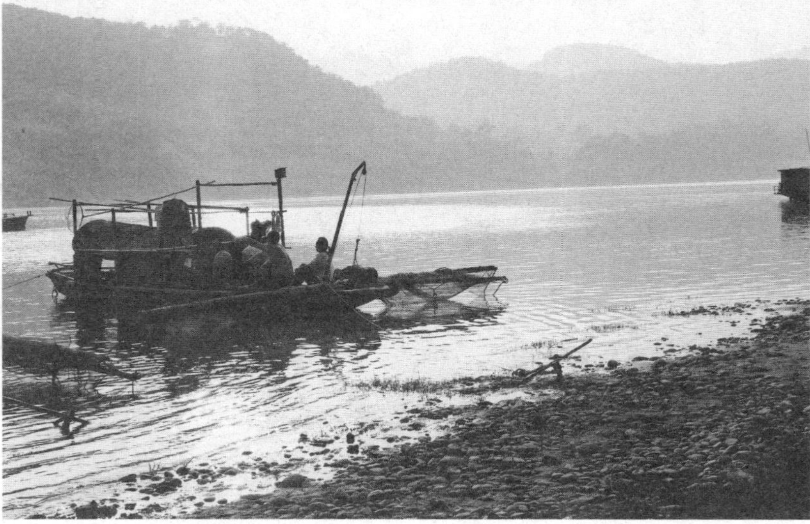

运江捕鱼

供稿：象州县委宣传部

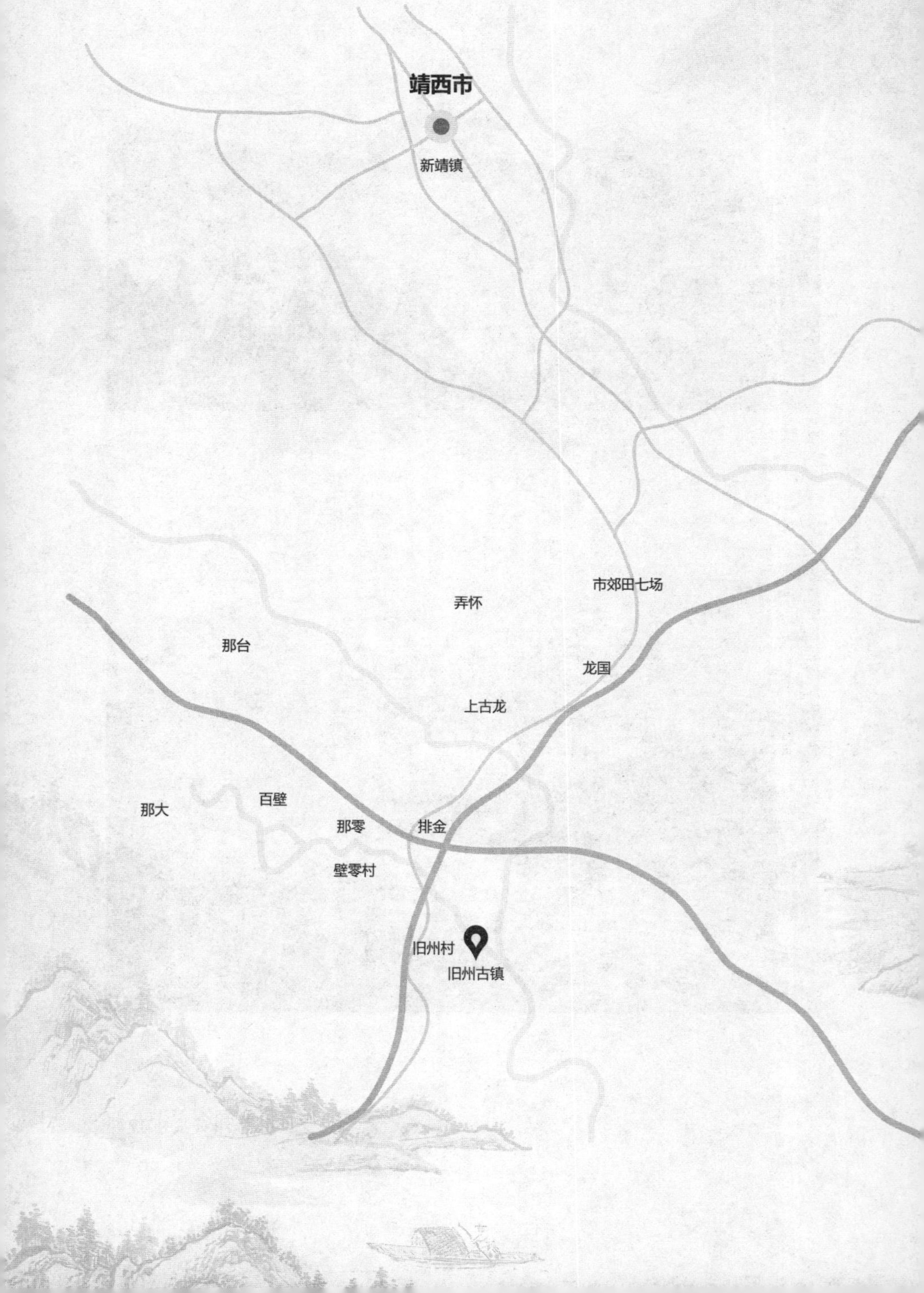
靖西市
新靖镇
市郊田七场
弄怀
那台
龙国
上古龙
百壁
那大
那零
排金
壁零村
旧州村
旧州古镇

古镇鸟瞰

靖西旧州古镇

JINGXI JIUZHOU GUZHEN

旧州古镇位于靖西市新靖镇，距市区 8 公里，沿河依山而建，坐南朝北，总体呈“T”字形。南北街道长约 200 米，宽 20 米，东西街道长约 500 米，宽 3 ～ 5 米。在主街道之间又有若干小巷道。2001 年维修街道，全部换上新石板铺设。旧州分旧州街、西南街、大街、东内巷、东外巷、上安马、下安马、巴诺等街（村）。传统民居建筑均连片分布，传统村镇风貌保存较好。

旧州，壮语地名称为“那签”。宋代属贡峒管辖。旧州布豚屯苍崖山的崖壁上刻有《贡峒清神景记》，年代为宋乾道四年（1168 年），这是靖西市内最早的碑刻，同时也说明旧州在宋时就已是土峒峒

古镇暖冬

治所在地。明永乐年间，镇安知府岑志纲派其第二个儿子岑永福到旧州领峒事；弘治九年（1496 年），明王朝将峒升为州，由岑氏土司世代相袭。清顺治七年（1650 年）归顺州土官岑继纲将州治从那签迁至计峒（今县城所在地新靖镇）。

旧州山水如画，古迹众多，又因绣球等民俗文化而闻名于世。

文昌阁

文昌阁位于靖西市新靖镇旧州东街鹅泉河桥东侧约 10 米的鹅泉上，清乾隆年间由地方人士捐款建阁。文昌阁为正方形三层楼阁式建筑，宽 3.6 米，进深 3.6 米。阁门朝西北，西临旧州东街尾，青砖木架结构，四角攒尖顶，葫芦宝刹。文昌阁为当地保存较为完整的壮族古建筑，于 1982 年 4 月被公布为靖西县（今靖西市）文物保护单位。

文昌阁

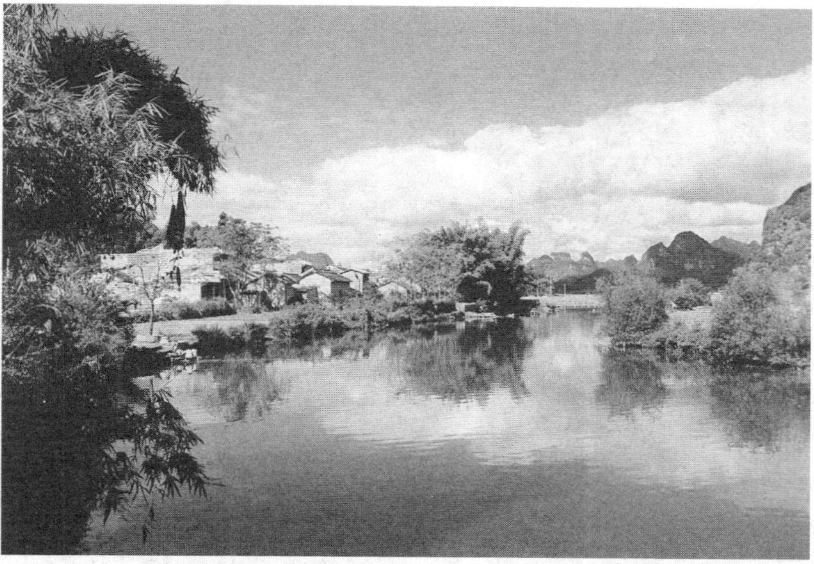

古镇美景

古民居

旧州的古民居一般都是单开间，有些是双开间，很少有三开间。每开间的宽度都比较统一，宽约3.5米，进深为30～40米。一般是前面10米分为两部分，前半部为厅堂，进深4米；后半部为居室，中间用祖宗神坛等隔开。居室之后有4米宽的天井，供采光用。天井之后有厨房、猪圈、谷场脱粒作坊，人口多的人家也有建起居室的。再往后就是菜园。

抛绣球

旧州抛绣球习俗由来已久，是当地壮族人民的一种民间娱乐竞技活动。抛绣球，古时称为“飞紽”。史书记载：“土俗岁节数日，野外男女分两朋，各以五色彩囊豆粟往来抛接，名‘飞紽’。”古时候，壮族人民的游乐项目少，他们从抛绣球中悟到娱乐的情趣，于是改变了抛绣球的爱情成分，将其演变成一种原始的抛球竞技运动，即在场地中间

壮锦

绣球制作传承人黄肖琴

竖一球靶，靶中心开一圆心，双方拿绣球对抛，抛中圆心多者为胜。由此，便形成了竞技性质的“抛绣球”，并沿袭至今。

史料记载，靖西绣球制作技艺在旧州已有400多年的历史。旧州绣球起初为男女青年的传情信物，后成为馈赠亲友的礼品、旅游纪念品或家居悬挂的吉祥物。靖西壮族绣球制作技艺至今在旧州仍以活态方式传承，且传承活动多种多样，有师传、祖传、自己学习等多种传承方式。“非遗”传承活动与旧州古村落的历史发展密切相关。

旧州民族文化传统非常多，除了绣球，还有壮锦、壮族民间山歌，壮族春牛舞、马绿舞，民间曲艺有“唱末伦”，戏剧有南路壮剧以及“扮台阁”等民俗活动。

古街道

民居

闹春

在古戏台上演民族民间歌舞

供稿：黄　毅

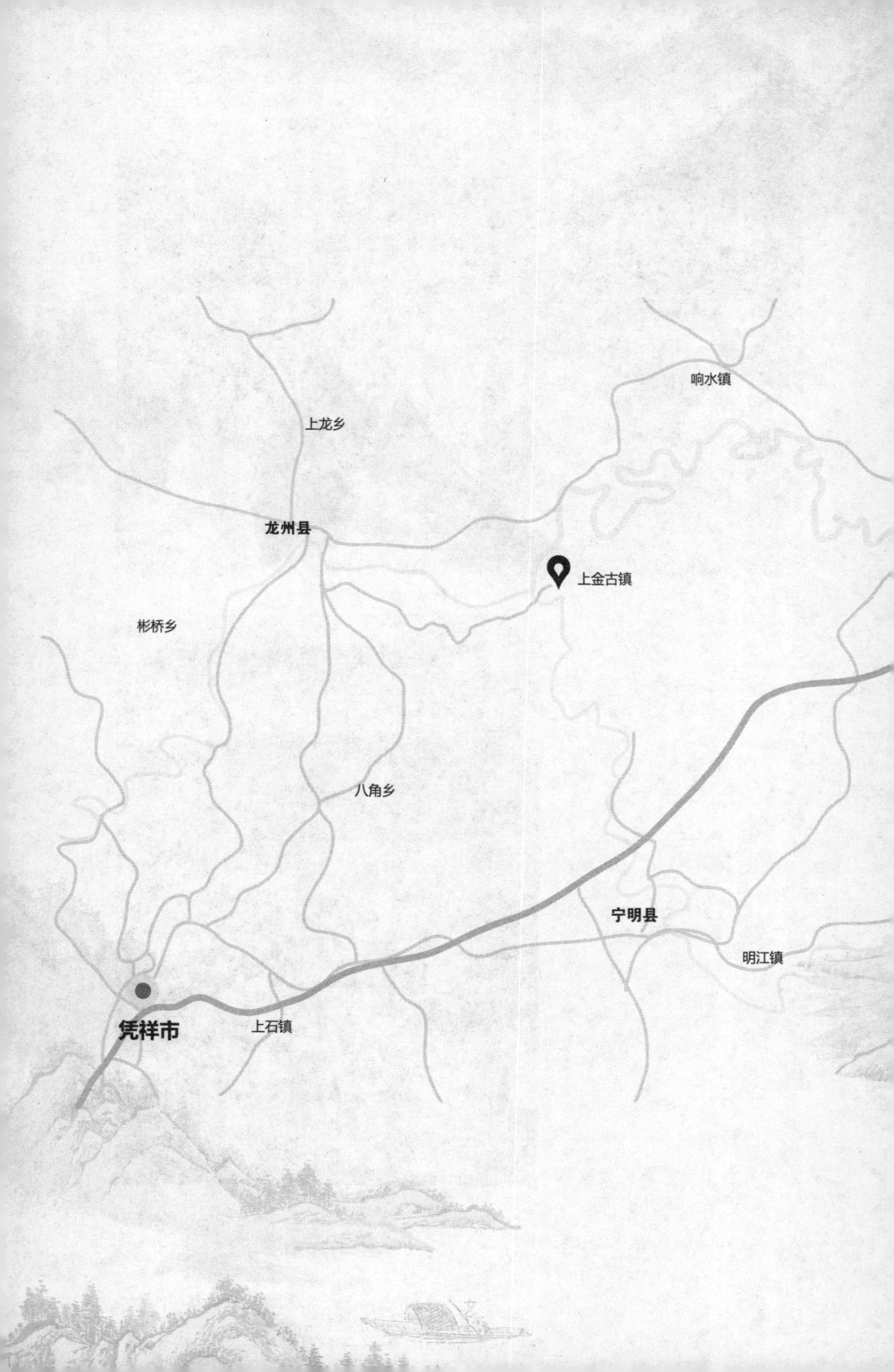
上龙乡
响水镇
龙州县
上金古镇
彬桥乡
八角乡
宁明县
明江镇
凭祥市
上石镇

古镇鸟瞰

龙州上金古镇

LONGZHOU SHANGJIN GUZHEN

上金古镇，地处凭祥市龙州县上金乡中山村，距龙州县城水路大约 10 公里。它位于龙州的丽江与宁明县的明江的交汇处，往东直接连通左江而至邕江、西江，故形成了水路直通四方的三江口。清朝年间，龙州没有公路和铁路，龙州地区的货物运输全靠水路，如从港澳、广东、南宁运来的花纱洋杂、食盐火油等物品，可直接到达上金古镇，再转龙州、宁明甚至直通越南及东盟各国。而上述各地的土特产山货等也随江而下运至繁华的大城市。于是上金古镇在沿河岸边建起了两座石板码头，形成了当时颇具规模的货物集散和人员往来的驿站。

一条街小镇

其实上金古镇就只有一条街道，长约 180 米，路面铺着青石板，两旁建有古建筑民房。这些房屋多为黑瓦灰墙，木门木窗，亦有少量的石墙、泥墙，青石门框，门窗雕花，造型别致。门前的柱头多放形态各异的石础，摆设辟邪镇宅的石狗石狮等，壮族民居风格非常明显。街道的形状是中间宽两头窄，像一艘船只，又像一条平躺的鲤鱼，所以群众都称呼它为“船街”或叫“鲤鱼街”。街的两头，原先建有闸门牌坊两座，现仅存一座，另一座经过岁月的洗礼已破败无存。街头闸门牌坊面朝大江，高和宽约为 4 米，中间开一个长方形的门洞，可容三人同时通行。当时为了防范匪贼入街，闸门顶上建有拱顶，拱顶上是一间

古街（一）

古街（二）

古街（三）

古码头

小房，供值班的更夫使用。每当夜幕降临，更夫便把闸门关上，从三更起，每一更都从拱顶下来走动巡视，直至天亮。在街道中间，原先有一座庙宇，民国十七年（1928年），今龙州县的上龙土司和金龙峒合并建制上金县，县府所在地就在旧街的寺庙内。由于年久，现已片瓦无存。而沿街的民房，约70户，多开设商铺，由于船来人往，生意颇为兴隆。当时上金盛产的碗、碟、缸、盆，小有名气，成为远销各地的特产。

民国初年，邕龙公路建成通车，很多货物不用水路运输而由公路载运，再到后来，陆续建起了多条公路，铁路也通至凭祥，物资和人员也少走水路，渐渐地，上金古镇再也没有了曾经的繁华。但是作为广西独一无二的“一条街小镇”，它展现了清末至民国初年左江流域的建筑艺术水平，反映了龙州壮族先民奇特丰富的建筑想象力，给后人留下了宝贵的遗产。

历经百年的风雨，上金古镇到现在仍然散发着独特的魅力。目前，龙州县委、县政府正在规划保护这条独具特色的古街道，各地的旅游者也陆续来到上金古镇探幽访古，领略龙州独特的建筑美和山水自然美。

供稿：黄得龙

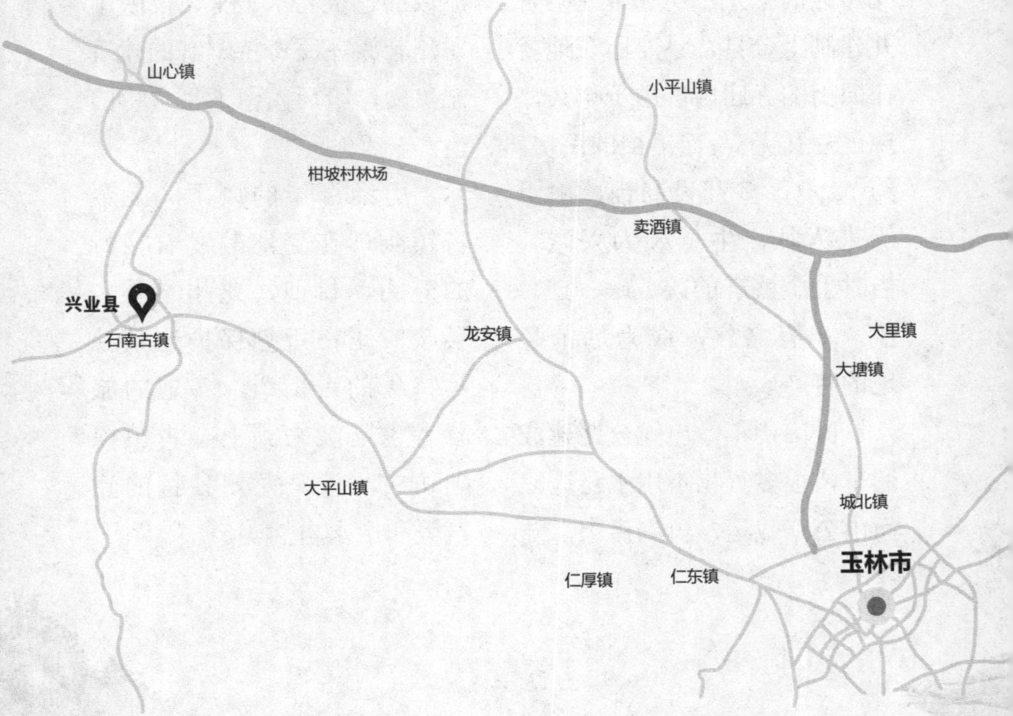

山心镇
小平山镇
柑坡村林场
卖酒镇
兴业县
石南古镇
龙安镇
大里镇
大塘镇
大平山镇
城北镇
玉林市
仁厚镇
仁东镇

石嶷文塔

兴业石南古镇

XINGYE SHINAN GUZHEN

石南镇地处玉林市兴业县县城，为兴业县政府所在地。

石南镇历史悠久，早在南朝陈永定二年(558年，一说天嘉二年，561年)，就设置了石南郡及石南县，郡与县的治所均在今兴业县石南镇古洲肚，隶属南定洲。隋唐梁朝时期，石南县隶属关系多有变动。唐贞观九年（635年），石南县改隶贵州（今贵港市）。麟德二年（665年），析石南县分置兴业县，兴业县建制自此开始。兴业县取“百业俱兴”之含义，治所在今石南镇镇区北部。从那个时候起，不管兴业县的名称与建制是长期存在还是被暂时撤销，在1300多年的历史长河中，石南一直是广西东南部的重镇。

石南文庙

石南文庙

石南文庙（孔庙）建于明成化十八年（1482 年），至今已有 530 多年的历史。文庙为砖木结构建筑，建成后多次修葺扩建。其主建筑为一个大四合院，中间有大殿，正面有宽阔的台阶，嵌有一块祥龙卧云的巨大平板陛石，图案优美，雕凿工艺精湛。

石嶷文塔

文塔位于石南镇南街石嶷山上。始建于宋朝，据《兴业县志》记载，为清乾隆十二年（1747 年）重建。它是玉林市重点文物保护单位，也是兴业县的标志性建筑。

塔共 7 层，高 22 米，是一座八角形空心砖塔。古塔屹立于乱石嶙峋的石山上，周围古木参天，环境优雅，彰显出浓郁的传统文化气息。

庞村清代民居群

庞村清代民居群是石南镇较具代表性的古建筑。庞村的清代古民居成片分布，共有 2

庞村清代民居群

古民居壁画

古民宅内的抗日文字

清代民居

蓝靛底色灰塑

处古建筑民居群（古建筑49幢），总面积达8.5万多平方米，有古宗祠4座、古水井5口、古巷13条、古树3株、古塘2口、古社头3处、古闸门2处及古庙1座等。这些古建筑及古文物保存完整，规模庞大，是玉林规模最庞大、保存最完整的清代古民居群。庞村北村古建筑片区建筑的外观、结构完整，细部及构件保存良好，具有独特的岭南传统建筑特色。村内民居大宅和宗祠建筑，是庞村建筑文化的精华和代表，其外观气势磅礴，内部装饰精美绝伦，体现了庞村人独特而传统的岭南建筑理念和开放兼容的精神情操。村南建筑群相对分散，但古色古香，有面积超过5000平方米的古院大宅，形成另一种风格。村南古建筑整体别具一格，屋宇精美，尺度宽阔，前堂采光要求严格，既有讲究典雅的装饰雕刻，亦有追求读书致仕的、小巧玲珑的书香阁楼建筑。这些古建筑群，屋脊层叠，气势宏大。建筑多坐北朝南，形式为三进五开间或四进七开间。建筑外墙青砖包墙，内砌泥砖，灰瓦盖顶，灰塑压脊，屋为硬山顶，山墙为镬耳墙和“人”字形山墙，二进大多为歇山顶重檐。每座古建筑皆有屏风、天井和横廊，前殿上厅摆放供奉祖先的龛阁，门墙、内壁上绘制精美五彩墙画，斗拱梁枋上雕刻花纹图案。

庞村村北、村南的两处古民居群保存完整，规模庞大，令人震撼。而其村落路网纵横有序，格局清晰，两百年间不遭水淹。村中历史街巷别具风味，巷道布局纵五条，横三条，笔直有序。道路狭长深幽，巷铺石砖。巷道中设置“七弯绕堂柱”的暗沟排水系统，合理利用村内北高南低的地势，将雨水由北向南排入村南壕沟和水塘，再排到村外溪流。

古民居壁画——扬帆出海

古巷沙街

庞村传统建筑群依托地形、地势、地貌设计营造，既体现了岭南村落的诸多特征，又具有自身独特的风格，加之清晰的路网格局和完善的排水系统，因此庞村清代民居群被广西壮族自治区人民政府公布为自治区文物保护单位。

这些传统建筑构造独特、结构合理、造型优美，在传统岭南建筑风格的基础上添加了徽派和西洋派元素。各种墙画、木刻、石雕、灰塑精美绝伦，不仅是玉林传统村落的“记忆画卷”，而且是桂东南精神的文化载体、传统民间工艺的集聚地，极具独特性和竞争力。

庞村现有广西壮族自治区文物保护单位 28 个，兴业县文物保护单位 49 个。现保存较为完好的广西壮族自治区、兴业县文物保护单位始建于清乾隆年间，其中以将军第，七座楼台之一、之二、之三，古庙屋，梁氏祖祠，庞村大屋，安定庄，庞藩堂故居等最具代表性。

旧衙门遗址

延寿寺外观

延寿寺内景

卢大夫祠

鸣水桥

供稿：兴业县委宣传部